JN217754

本書を読むにあたっての 大切な注意事項

本書は「アフィリエイトの入門書」ではありません。

すでにアフィリエイトサイト運営の基本を習得し、毎月1万円～30万円ほどの報酬を得ている方が更にワンランク上…具体的には100万円超の報酬獲得を目指すアプローチのヒントが書かれた本です。

通常、アフィリエイトのガイドブックには、SEOや文章術、ツールを用いた作業効率化Tipsなどが数多く掲載されていますが、この本にはそういったサイト制作の小技はほとんど登場しません。

その代わり、「サイト運営を事業として成立させ、生活できるだけの収益を安定して得たい」と真剣に考えている人のために、**ASPや広告主との商談・事業計画の立て方・外注業者の採用**といった、職業アフィリエイターが必ず求められる業務の解説に多くのページを割いています。

壁に突き当たった時、即効性のあるサイト改善策を求めてブログや教材を乱読しノウハウコレクションを始めてしまう人が多いのですが、あなたが伸び悩んでいるのは、まさにそうした表面上のテクニックや報酬額ばかりを追い求めていて、最も肝心な「ビジネス体質」への切り替えが不十分だからです。砂場の上にどれだけ高く知識や技術を積み上げても、土台が不安定では成果も安定しません。

もし、どれだけ記事を更新しても成果が伸びないならば、**サイト運営のテクニックとは違う側面から事業を見直すことも必要**なのではないでしょうか。

この本は、そうした方にヒントを与えるために書かれています。

はじめに

　この本を手に取った方なら、すでに多くのアフィリエイト本や教材を読破し、アフィリエイターのブログやSNSにも日頃から目を通していることと思います。

　そこで語られている内容の多くは、アフィリエイトサイト制作のノウハウや、SEOで勝ち上がって集客するためのテクニックで、つまりは「上手にサイトを作ってアクセスを集めること」を目指すものではないでしょうか。

　しかし、本当に大切なのはその後です。

　アクセスは集まった。毎月CVも発生している。じゃあ、そのサイトをどう活用したらもっと報酬を増やせるのか？

　専業で独立しているアフィリエイターは、ASPや広告主とどんな話をして優遇を取り付けているのか？

　このような、ある程度軌道に乗ったサイトをビジネス資産としてフル活用するための「裏側」を説いているアフィリエイターは、残念ながら多くありません。

　アフィリエイターが情報を公開する際には、自身の塾やサロンの集客に繋げる、教材や有料記事を販売する、ブログにアクセスを集めてバックリンク元として使う、といった狙いがあります。マーケットとして数が多いのは初心者ですから、初心者向けの情報をバンバン発信しアクセスを集めようとするのは必然です。

　サイト運営のビジョンが定まらず、「ラクラク」「簡単」といったフレーズで飾られた小ワザをつまみ食いして成果を期待し、甘い考えでノウハウ

コレクションに勤しむようなピュアな初心者が、そうした撒き餌に釣られて今日も右往左往しています。

　一方で私は、初心者対象の塾や教材を扱うノウハウ業者ではありません。広告事業以外では、法人や脱初心者を果たした中級以上のアフィリエイターが顧客です。本書は、私の顧客の皆さんに「最初にこの本を読めば私の考えが分かるので、予習しておいてくださいね」と渡すために書きました。ですから中級以上を想定した、咀嚼にエネルギーのいる内容となっています。

　その代わり、初心者向けのガイドブックでは目にする機会のない、プロのアフィリエイターが自身の事業経営に当たってどんなことを考えているのか、という「裏側」がふんだんに盛り込まれています。おこづかい稼ぎのアフィリエイトを卒業し、プロのアフィリエイト事業者を目指したいという方にとって、役に立つ示唆がきっと見つかります。

◆本書が対象とする読者の悩み

・サイトに集客はできていてアクセスもあるのに、報酬が伸びない
・外注ライターを採用したものの、レベルが低く手間がかかる
・ASPや広告主と話す機会が少なく、特に優遇されていない
・税金や法人化の仕組みを漠然としか知らない

　こうした悩みは私がよく相談を受ける内容で、思い当たる人も多いはずです。
　それでは、順番に解決法を見ていきましょう。

Chapter0

本気のビジネスとして取り組む覚悟があるのなら、
月100万円の報酬は
『十分に狙える現実的な数字』である

Chapter1

あなたのアフィリエイト報酬が
「月数万円〜30万円」のラインを超えられない理由

Chapter2

ビジネスクラスのアフィリエイトサイトは こうやって作る

Chapter4

ASPや広告主と商談して報酬を2倍にする

Chapter5

ASP・広告主の本音
─月100万円稼ぐアフィリエイターはどこが違うのか？

Chapter6

稼げば稼ぐほど重要になる、税金と法人化

Chapter0
本気のビジネスとして
取り組む覚悟があるのなら、
月 100 万円の報酬は
『十分に狙える現実的な数字』である

0-1
「月に100万円の報酬」というラインは、決して無理難題ではない
Chapter0

アフィリエイターのうち10人に1人が達成している数字

結論から先に言えば、「アフィリエイトで毎月100万円以上の報酬を手に入れる」という目標設定は、決して無理難題ではありません。

実際、そのレベルの報酬をコンスタントに手に入れている「ビジネスクラス」のアフィリエイター（本書ではあえて、そのように呼びます）が珍しい存在でないことは、アフィリエイト経験者なら肌で感じていることと思います。

そして私も、そんなビジネスクラスのアフィリエイターの1人です。

NPO法人アフィリエイトマーケティング協会が2016年に行った『アフィリエイト・プログラムに関する意識調査』によれば、アフィリエイターの1割以上、つまり10人に1人は月の報酬が100万円以上となっています。

＊出典：http://affiliate-marketing.jp/invest/#invest2016

今では、私も毎月200万円前後の売上を達成し続けていますが、アフィリエイト初心者の頃は、Amazonアソシエイトの報酬400円が関の山でした。毎日必死にブログを更新し続けて半年経過し、他のASPを駆使しても月10万円台の報酬しかもらえなかったわけですから、今思えば特に優秀だったとは言えません。

月10万円という金額は、単なる副業であれば現実的で嬉しい収入と言えるでしょう。しかし、まっとうな職業や事業としては全然足りません。まさに、今この本を手に取っているあなたと同じような段階で壁に当たり、伸び悩んでいたわけです。

スキルを身につけるよりも
「考え方を変える」方が早く成果が出る

サラリーマン時代、私は成績の悪い保険の営業マンでした。特殊技能もなく、WebやITの高度なスキルも持っていません。アフィリエイト自体も会社を辞めた後に勉強を始めた後発組で、アドバンテージと呼べるものは無職ゆえにたっぷりとある時間だけ、という状況でした。

それでも、ある「考え方」に気づいてサイト運営に取り組むようになってからは順調に成果を伸ばすことができ、今では確実に毎月100万円以上の報酬をいただいています。

ある「考え方」とは、「**アフィリエイトを片手間の副業ではなく、世間一般に通じるビジネスとして姿勢を切り替えて取り組む**」というものです（具体的に何を行ったかについては、後ほど詳しく触れます）。

繰り返しますが、「毎月100万円以上のアフィリエイト報酬を得る」という数字設定は、無理難題ではありません。結果を左右するのは、スキルの有無でも、特殊なコネやネットワークでもなく、「**アフィリエイトを、おこづかい稼ぎの手段としてではなく、本物の営利事業として取り組む**」という考え方に頭を切り替えられるかどうか。単にそれだけなのです。

　まずはこの事実を、ハッキリと認識しておいてください。

　おこづかい稼ぎとしてのアフィリエイトと、営利事業としてのアフィリエイトを、特に区別せず同じ考えで行っているアフィリエイターは非常に多く見られます。

　サイト運営の基礎やテクニックは十分に学習しているのに、成果がいまいち伸びない方は、もしかするとこの区別が曖昧なことが原因かもしれません。

実際に月100万円以上の報酬を得ている「普通のサイト」とは

　さて、いくら「100万円稼げますよ！」と連呼したところで、スローガンだけでは心に響かないでしょう。それは私も理解しています。

　そこで、まずはいくつかの「100万円以上を売り上げているアフィリエイトサイト」の例をご紹介しましょう。個別のサイト紹介ではなく、私や知己のサイトを元に一般化した事例ではありますが、100万円の報酬を得ているサイトとは一体どんなものなのか知りたい、どんなジャンルを扱っているのか分からないという方にとっては、具体的なイメージ把握の助けになると思います。

◆事例その1

- **サイトのテーマ**：男性向けダイエットプログラム

- **サイトのメイン対象**：中年の独身男性

- **サイトの内容**：デブキャラ独身男性による、指導型のダイエットトレーニング日記。入会から毎日の食事とトレーニング内容をブログ形式で記録し、写真とともに掲載している。元が太っていたこともあって半年後には見違えるように体型が変化し、読み物としても面白く説得力がある

- **報酬発生の仕組みと金額**：広告掲載したトレーニングプログラムへの入会件数成果。1件につき4万円

- **集客方法**：商標SEO、Twitterでブログの更新通知や読者との交流、ダイエット食を毎回Instagramでアップ

◆事例その2

- **サイトのテーマ**：主婦の節約マネーブログ

- **サイトのメイン対象**：節約志向の主婦

- **サイトの内容**：主婦の視点で書かれたクレジットカードやネット銀行、保険などマネー情報のブログ。実際に自分が利用した際の手続きや、感じたメリット・デメリットをカラフルに見やすく掲載している

- **報酬発生の仕組みと金額**：クレジットカードの新規申込、1件1万円。保険無料相談、1件1万円。ふるさと納税で自治体に寄付、額面の1%など

- **集客方法**：ロングテールSEO、LINE@とFacebookページで更新通知や読者との交流

◆事例その3

- **サイトのテーマ**：ゲーム用パソコンの比較サイト
- **サイトのメイン対象**：PCゲーマー
- **サイトの内容**：自身もPCゲーマーであるアフィリエイターが、対象のゲームソフトごとに必要な性能や機種の選び方をシンプルに解説するランキングサイト。ゲーム用のPCやパーツは性能と値段が高いが、種類が多く選ぶのは大変なのでキュレーターの需要がある
- **報酬発生の仕組みと金額**：パソコンショップの通販、販売金額の3%
- **集客方法**：ロングテールSEO

これを見て、皆さんはどう感じましたか？

どれも至って普通の内容ですよね。特に珍しい要素は何もありません。「えっ、これだけ？」と二度見した方もいらっしゃるかと思います。

でも、それでいいのです。特別な集客キーワードを知っている、秘密の裏技やツールを使っている、限られたネットワークやコネクションを持っている・・・といった条件は一切求められず、**「普通のサイト」**を正しく**運用することで月100万円の報酬は得られる**のだと理解していただければ、今はそれで十分です。

すでにこういったサイトの運営を実践できている方からすると、新鮮な驚きがなく肩透かしに感じたことでしょう。

しかし、それは今のあなたが基礎的なサイト運営の技術を身につけている何よりの証拠ですから、どうか自信を持って読み進めてください。

「人の役に立つコンテンツ」なんて、
言われなくても当たり前

　ここまでの話の流れからすると、「要は、楽して稼げる裏技などない。王道かつ人の役に立つコンテンツを作れ、というお説教が始まるんだな」などと予想して、ため息をつきたくなっている方もいるかもしれません。

　しかし、その手の綺麗事はさすがにもう耳タコですよね。

　その気持ちは、私もよく分かります。

　でも安心してください。本書は、仮にも「初心者無用」を謳っていますので、そういったまどろっこしい話はバッサリとカットします。

　そもそも、本書を読んでくださっている皆さんなら、人の役に立つコンテンツなんてとっくに実現できているはずです。そうでなければ、月に数万円～数十万円クラスといった報酬を獲得できるわけがありません。

　そして、そのレベルの基礎が身についている方であれば心配は無用です。誰も真似できないような特別な要素に頼らずとも、自身のサイトを武器に「普通のビジネス」を淡々とやるだけで、月に100万円くらいの報酬は獲得できます。

　しかし残念なことに、その「普通のビジネス」が何なのか理解していない、実践できていないアフィリエイターが大量発生し、同じところをグルグル回っているのが現実です。

　「アフィリエイトで大きく稼ぐには、アフィリエイトのテクニックを磨かなければならない」と考えている人は多いのですが、それは広告コードの貼り方やアクセスの集め方すらわからない、初心者時代に限った話です。

月10万円からの報酬を取れるようになったら、次に取り組むべきはアフィリエイトの技術を学ぶことではなく、本書で繰り返し説明する「**ビジネス体質への切り替え**」なのです。

　本書は、そのお手伝いをさせていただくための1冊です。

0-2
簡単に「月に100万円の報酬」を 得るための方法はある
Chapter0

報酬額を増やしたいだけなら、 アクセスをお金で買えばいい

　「アフィリエイトで月100万円の報酬を得るための方法を、1つだけ教えてください！」と質問されたら、私はどのように答えると思いますか？

　答えは単純なもので、「あなたのサイトをPPC広告で出稿して露出を高め、アクセスをお金で買えばいいですよ」と言うでしょう。

　この回答は、すでにアフィリエイトサイトが稼働していて毎月コンスタントに売り上げていることを前提としますから、まだ稼ぎ方を知らない初級者に同じことは言えません。しかし、既にコンバージョンが発生し、一定の確率で商品を購入してもらえることが実証されているサイトであれば、自らが広告出稿することでアクセスを呼び込み報酬額を増やすのはそれほど難しくないでしょう。

　キーワードを選別した上でPPC広告を打てば、報酬は大きく増えるはずです。報酬単価が高くアフィリエイト激戦区と言われているようなジャ

ンルであればなおのこと、うまくキーワードさえ選べれば、月1,000万円、2,000万円といった報酬も別に驚くには値しないのが現実です。

　また、資金がある方なら、サイトそのものを買うという手段もあります。自分で一からサイトを育てる自信や時間がなくとも、実績のあるサイトそのものを買収して運用すればいいのです。最低でも1,000万円単位の現金が必要にはなりますが、その分得られるリターンも大きくなるでしょう。

　この話をすると、これまでコンテンツSEOでコツコツとサイトを育て、検索順位の変動に一喜一憂していた方が盲点を突かれて「あ、そうか！」と驚いたり、「それって不正じゃないんですか？」と怪訝な顔をしたりと、複雑な反応を見せることもよくあります。**アフィリエイトという商売上、いかに自分以外のやり方に気づく機会が少ないかを示す例**だと思います。

ライバルが「当たり前にやっていること」に気づけない恐怖

　ここまで読んで「この著者は何を言っているんだ、PPCアフィリエイトなんて知っていて当然だろう、馬鹿にしているのか」などと怒りを感じる方もいらっしゃるかもしれません。

　誤解しないでいただきたいのですが、この本は「PPC広告でアフィリエイト報酬を増やそう！」という指南書ではありませんし、「資金力に物を言わせた者がアフィリエイトを制す！」と言うつもりでもありません。事実、私自身は現在PPC広告をほとんど利用しておらず、集客はSEOが中心です。

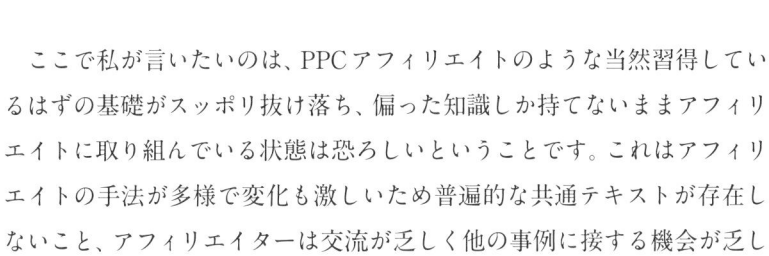

　ここで私が言いたいのは、PPCアフィリエイトのような当然習得しているはずの基礎がスッポリ抜け落ち、偏った知識しか持てないままアフィリエイトに取り組んでいる状態は恐ろしいということです。これはアフィリエイトの手法が多様で変化も激しいため普遍的な共通テキストが存在しないこと、アフィリエイターは交流が乏しく他の事例に接する機会が乏しいこと、などに起因します。

　「1人でコツコツとサイトを作って、ロングテールでアクセスを集めることがブログの正しい運営法だ」という考えで報酬獲得にこぎ着けた人であればなおさら、目指すレベルが変わっても他の手法には全く目が向かない危険性も高いのです。

　独学やごく狭い範囲で得たノウハウだけを頼ってしまい、自分に何が欠落しているのか分からないから解決することもできないまま、長期間グズグズと伸び悩む。これが典型的なスローペースの副業体質で、ビジネスクラスを目指すには阻害要因となります。

　PPC広告の話は視野狭窄の一例として挙げたに過ぎませんが、同様に、あなたのアフィリエイトの常識は他の人にとって常識ではありません。またビジネスクラスのアフィリエイターが考える「普通」の基準も、あなたの「普通」とは大きく異なっているでしょう。

　そういった偏った知識や感覚のリバランスを心がけ、「他のアフィリエイターにとっては当たり前すぎて、今さら話題にもならないこと」に目を向けるだけでも、報酬を増やすヒントがたくさん得られるはずです。

0-3

報酬100万円、利益はいくら？

Chapter0

注目すべきは「報酬額」ではなく「利益」

　さて、「月に100万円の報酬」以上のランクを目指すため、これから具体的にビジネスのステップを踏んでいただくわけですが、その前に必ず押さえておくべき基本的かつ重要なポイントがいくつかあります。中でも最も大きなポイントは、「金額の意味」を考えてお金への嗅覚を養うことです。

　この本では便宜上、月100万円以上の報酬額や、その報酬を得られるアフィリエイターを指して「ビジネスクラス」と呼んでいますが、中にはその遥か上の、月500万円や1,000万円といった額を叩き出して「トップアフィリエイター」と呼ばれ、塾の主催や教材販売を行っている人たちもいます。

　一見、雲の上のような成果を手にして、まるで別世界に生きているとすら思わせるトップアフィリエイターの皆さんですが、ここで一歩後ろに下がって冷静に観察してみましょう。

　彼らが公表している実績をよく見ると、そもそも「報酬（売上）」と「利益」が一緒くたに語られていたり、発生報酬と確定報酬も区別されていないことがあったりして、「結局いくら儲かっているのか」については明言を避けている場合があります。極端な話、「報酬は月1,000万円、広告費が月900万円」ということもあり得るわけです。その場合だと、儲けは100万円に過ぎません。ビジネスを行う上では、こういった「金額の意味」を考える必要があります。

　酷い例だと、実際は広告費で赤字なのに「月○○○万円の報酬を得るアフィリエイター」と宣伝して塾の会員を集め、実はその月会費の方が主な収入源になっているというケースも知っています。「報酬額」自体は嘘ではないのですが、アフィリエイト事業そのものでは利益が出ていないわけですから、謳い文句に載っている金額については、その意味をよく考えるべきでしょう。

　先述したPPC広告の例のように、サイト運営に一定のコストをかければアフィリエイトの報酬を増やすことは難しくありませんが、それがすなわち「儲かっている」ことにはなりません。**重要なのは派手な「報酬」の数字ではなくどれだけ儲かっているか、つまり「利益」の数字なのです。**特にアフィリエイターが話している数字は定義が曖昧なことが多いので、報酬と利益、発生報酬と確定報酬の区別はよく嗅ぎ分けることが必要です。

　学生のうちからブログを運営していて、就職せず広告収入での生活を夢見る方も増えています。そうした若い方を中心に、情報商材の誇大な宣伝を真に受けていて危なっかしいなあと感じる場面がこれまで何度もありました。まっとうな塾やサロンもたくさんありますので、表面的な宣伝を鵜呑みにせず、根拠が明らかな数字を探す習慣を身に着けましょう。

「稼ぐ」という言葉の意味を
正しく理解しているか

「報酬」や「利益」と並んで気をつけたいのが、「稼ぐ」という言葉です。アフィリエイト界隈の人は、よく「稼ぐ」という言葉を使います。「副業で堅実に5万稼ぐ」「30万稼ぐためのブログ運営術」「超速で1億稼ぐ方法」…というように、ノウハウ本やブログ記事のタイトルでは高い頻度で目にするフレーズなのですが、その意味を正しく理解しているのか疑問に感じることがあります。

「稼ぐ」というのは、利益を出す、儲けるという意味です。
「私はアフィリエイトで年商1億円稼ぎました」というようなよく見るフレーズは、この時点で矛盾を孕んでいます。「年商」と「稼ぎ」は異なるもので、正しくは「年商1億円を売り上げた」と言うべきでしょう。

年商、つまり報酬総額からはコストがどれだけかかっているか分かりませんので、例えば従業員が5名いて、オフィスビルのテナント事務所を借り、外部のSEOコンサルタントを入れ、集客のために広告を買っているならば、年商が1億円あっても営業利益は雀の涙という可能性があります。このケースで社長が確保できる個人の年収は、せいぜい1,500万円といったところではないでしょうか。「1億円稼ぎました」というフレーズから受ける印象とは、かなり乖離があります。

ところが、実際のアフィリエイター同士の会話ではこういった区別はあまりされておらず、とにかく月の報酬額で比較する傾向があり、経営の実

態がなかなか見えません。相手の報酬額を聞いて「この人は自分より相当ランクが上だな」と萎縮してしまう場合も多いのですが、後でよく聞いたら**広告費や人件費で圧迫されて本人の取り分はすごく安かった**、ということもありますから、派手な数字には振り回されず実態を考えることが大切です。

100万円「稼ぐ」アフィリエイターを目指そう

あなたが今後、ビジネスクラスのアフィリエイターを目指すにあたっては、「稼ぐ」といった言葉を適当に使わず、意図が明確な表現を心がけてください。最低でも、「報酬（売上）」と「利益」ははっきり区別する必要があるでしょう。「年商」と「年収」も、紛らわしいのですが全く別の数字になるはずです。

アフィリエイトで月数十万円の報酬があるような方でも、こういった区別がまったくつかないままサイト運営を続けているケースは、これまで多く目にしてきました。副業や自営業で、個人と仕事用の財布が一緒になっている場合には、特に顕著です。

もちろん、アフィリエイターが利益を公表していないこと自体は、特に問題ではありません。ここで覚えておいて欲しいのは、**お金関係の言葉の意味を曖昧にしておくと、相手との会話に齟齬を生じ、計算が狂う危険性がある**ということです。

そういった前提を踏まえた上で、改めて宣言しましょう。

27

本書がこれから目指すのは、月に100万円以上を「稼ぐ」アフィリエイターです。

　すなわち報酬（売上）がいくらであろうと、とにかく月100万円以上の利益を出す。自分の取り分として、100万円をコンスタントに確保できる。それがビジネスでは肝心なのです。

　報酬1億円、経費も1億円では意味がありません。

　この点は明確に区別してください。

あなたのビジネスの盲点を見つけて改善する

　いよいよ、次の第1章からは、ビジネスクラスのアフィリエイト運営を行うための考え方や手法について、具体的に説明していきます。

　あなたのアフィリエイトサイトを資産として活用しながら、一段上の報酬や利益を手に入れるために、今の運営体質に何が足りずどのように改善していけば良いのか？

　そこを、とことん突き詰めて行きましょう。

Chapter1

あなたのアフィリエイト報酬が「月数万円〜30万円」のラインを超えられない理由

1-1
そもそも「報酬レベル」が低いサイトを作っていないか
Chapter1

アクセスが増えても
報酬が伸びないのはなぜ？

　アフィリエイト報酬を大きく増やすための施策に取り組む前に、そもそもなぜ報酬が増えないのかという理由を突き止めなければ、正しい対策を講じることは困難です。この章では、その原因を明らかにしていきたいと思います。

　よくあるのは、**そもそもサイトを作る前のジャンル選びの時点で、考え方がビジネスクラスになりきれていない**場合です。

　「コツコツ真面目にアフィリエイトサイトやブログを更新していてアクセスも増えているのに、ちっとも儲からない」という泥沼アフィリエイターからご相談を受けることが非常に多いのですが、そういった方に共通する特徴があります。代表的なのが、扱うジャンルや商材によって決まる「報酬レベル」を正しく予測せずに、ノリと勢いでサイトを作りはじめてしまっているというケース。

　報酬レベルとは、あるジャンルのサイトで特定の商材を中心に扱った場合、どの程度のアクセスが見込め、最低〜最高でどれくらいの報酬が得られるかという想定範囲のことです。

　正確な数字の算定までは不可能ですが、検索ボリューム数や広告プロモーションの実績値などから、大まかな報酬額のレベルを推測することは簡単にできます。

　この予測をすることで、仮に計画通りサイトが稼働した場合にその報酬だけで生活できるか、事業として本気で取り組むに値するかを判断できますし、同時にどれくらいまでサイトの運営経費を使っても利益を残せるかという予算感を知ることが可能です。**報酬のレベルが低く割に合わない場合は、サイトを作る前にストップするという判断もできるでしょう。**

　しかし現実には、「**ニッチなサイトなら検索上位が取りやすいし、自分でもできそうだ**」とか、「**とにかく好きなネタで書けば濃いコンテンツが作れるはずだ**」といった安心感を得やすい手法に流されて思考を止めてしまい、**大きな報酬が期待できないサイトを盲目的に作り始める人**が跡を絶ちません。そして、頑張って毎日更新しているのに全然儲からないのはなぜだ…と嘆いているわけです。

　これは、例えるなら大きな木の絵を描く時に、1枚の葉から丁寧に描きはじめ、それを何十枚も繰り返すうち徐々に絵の全体像が見えてくるような手順と言えるでしょう。

　サイト制作に絶対の正解がないとは言え、このようなボトムアップ型の運営はあまりにも行き当たりばったりです。

図 1-1-1 そのサイトで得られる「報酬レベル」を予測しよう

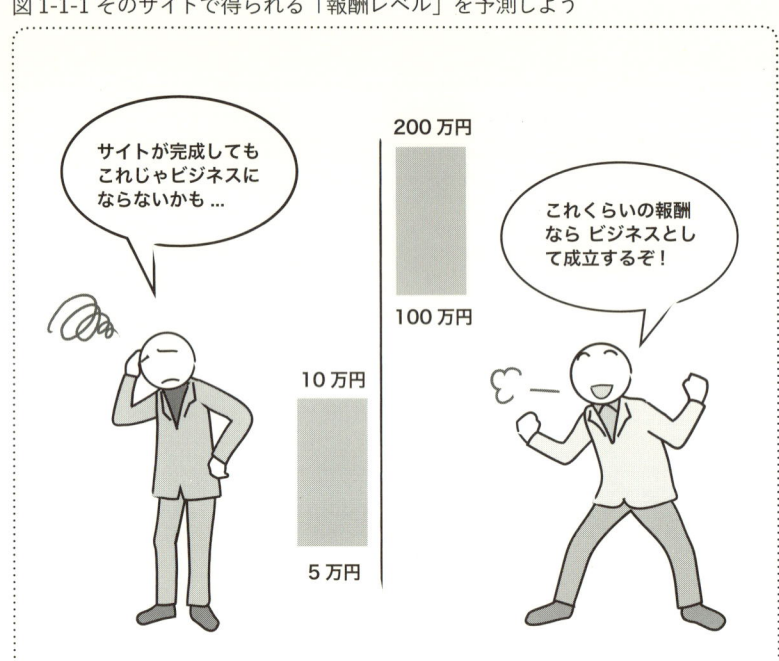

　事業としてアフィリエイトサイトを作る時は、サイトの全体像を先に描き、「このサイトに集客できれば月100万円の報酬が得られるようになるだろう。だったら、そのために50万円の制作コストと、毎月10万円の運営経費を使っても十分に採算が取れる範囲だ」といった、完成形から逆算した事業計画を立てた方が見通しは明るくなるでしょう。

　この作業を面倒だからと避けているうちは、あなたのサイトは永久にビジネスクラスにはなれません。
　ここからは、報酬レベルを予測する方法を順番に見ていきましょう。

サイト制作前に報酬額を予測する計算方法

アフィリエイトサイトの報酬額は、次のような式で求めることができます。

$$（報酬）＝（PV）×（CTR）×（CVR）×（承認率）×（広告単価）$$

この各項に予測値や実績値を当てはめることで、得られる報酬額を予測することが可能です。

また、各項目の数値を改善するためのアフィリエイターの業務は、次のようなものが考えられます。

図 1-1-2　アフィリエイターが取り組むべき業務の内容

改善したい指標	行うべき施策
PV	市場調査 SEO SNS 運用 PPC など広告出稿
CTR（クリック率）	サイト品質や信頼感の向上 購買動線の整備 レイアウトや UI の改善
CVR（成約率）	案件の選定 LP や送信フォームの改善提案
承認率	案件の選定 購入者属性の向上
広告単価	案件の選定 営業による条件交渉 純広告の獲得

これらの項目を全て掛け算した結果が報酬額となりますので、どこか一箇所でも穴があると報酬が減ることになります。極端な話、項目のどれかがゼロなら報酬がゼロになるというわけですね。

　よく世間から誤解される点ですが、**アフィリエイターは決して自室にこもりきりのパソコンオタクだけが成功する職業ではなく**、こういった項目を満遍なくこなせるだけの総合力が求められます。

　多くのアフィリエイト入門書で説明されているのは、表の項目のごく一部に過ぎず、特にPV数や成約数を増やすことに重点を置いていることが多いのですが、残念ながらそれだけに取り組んでいてもどこかにボトルネックがある限り、報酬はなかなか増えません。

　なお、表の各項目に対応する改善の具体的な手法については、後の章で詳しく触れていきます。

1-2
サイトの報酬レベルを
予想するには
Chapter1

各項目の数値の考え方

さて、前項で触れた計算式を用いて、実際にサイトの報酬レベルを予想してみたいと思いますが、それぞれの項目の数値はどのように考えて設定するのが良いでしょうか？

図 1-2-1　報酬レベルの計算式

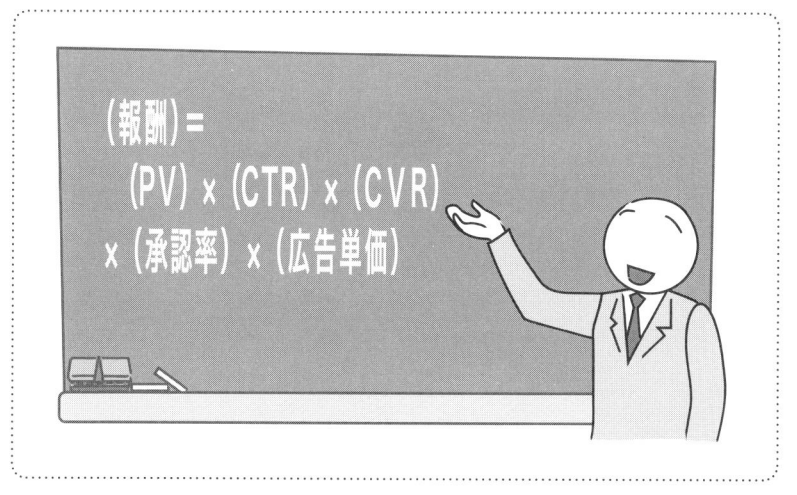

$$(報酬) = (PV) \times (CTR) \times (CVR) \times (承認率) \times (広告単価)$$

・PV 数

　想定されるアクセス数は、キーワードプランナーの検索ボリュームから予測したり、SEO分析ツールで既存の競合サイトを調べておおまかな数字を調べたりできます。

　残念ながら、サイトが稼働する前にどれくらいのPV数があるかを正確に予想することはかなり困難なので、広めに幅を持たせて試算し、アクセスがあまり奮わない場合でも最低限の採算が取れるような案件を探すのが良いと思われます。予想よりアクセスが多ければ儲けものと考え、堅い数字で考えておきましょう。

・CTR（クリック率）

　CTRは、一般的なサイト構造を伴ったアフィリエイトサイトであれば、それほど極端に変化しません。1%〜2%だとやや厳しく、3%台なら合格、4〜5%もあれば上出来といったところでしょう。サイトのジャンルや対象となる読者層によっても大きく変化しますので、傾向や実績値はASP担当者に尋ねるのがベターです。

　もし、こういった質問を気軽にできる担当者がいないのであれば、早めにコネクションを作っておくことをお勧めします。ASPのサポート窓口にメールして、あなたのサイトIDやURLなどを記載し、「○○ジャンルで新規サイトを作るので営業担当者と打ち合わせしたい」と伝えれば、返信が来るはずです。必要なら、早めに送信しておきましょう。

・CVR（成約率）、承認率

　プロモーションのCVRや承認率は、多くの場合公表されていません。しかし、これもASP担当者に問い合わせれば、ジャンル全体の傾向や個別のプロモーション実績について情報を得ることができるはずです。

　また、一部ASPではランク特典として、管理画面上でデータの開示を行っているところもあります。

　例えば、afbではゴールドランク以上のアフィリエイターであれば、プロモーションごとのCVRと承認率の実績値を閲覧可能です。ゴールドランクは月の報酬3万円以上が条件なので、特に難しくはありません。提携するつもりがなくとも、見るだけでジャンルごとの傾向や平均を知ることができて勉強になります。

図 1-2-2　ASP 管理画面での CVR と承認率

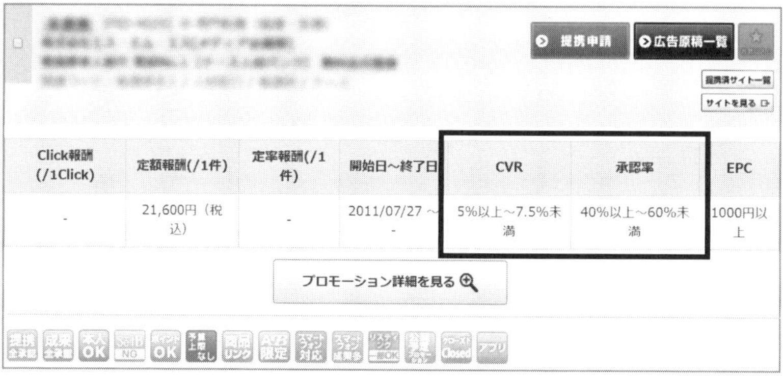

> afb ではゴールドランク以上になると、管理画面で CVR や承認率を確認することができる。

・広告単価

　広告単価は提携申請時に確認できますが、そこに載っているのはあくまで初期値・参考値にすぎません。実際の報酬額は特別条件ありきですから、どこまで報酬を引き出せるか、またしてもASP担当者に確認する必要があります。これに限らず、ASP担当者とリアルタイムに意思疎通ができる関係を保つことはとても重要です。

　特別報酬に関しては、月の成約数が5件〜10件程度でも交渉できる場合があるので、上位サイトで現在どのような条件が適用されているかはしっかりヒアリングしてください。場合によっては、通常報酬の何倍もの特別単価が設定されていることもありますから、報酬の試算結果が大きく変わってきます。

報酬レベルの試算例

　それでは、実際にこれらの数値を式に当てはめ、2つの例を比較しながら報酬レベルの差を実感してみましょう。ここでは、私の会社で運営しているサイトの実績値を元に試算しています。

◆ A 脱毛サロンの比較サイト

　・PV数…月間15万〜20万

　・CTR…3%

　・CVR…3%

　・承認率…60%

・広告単価…20,000円（脱毛サロンへの通院・月10件成約での特
別単価）

150,000～200,000 × 0.03 × 0.03 × 0.6 × 20,000

想定報酬額：1,620,000円～2,160,000円

◆ B 書評ブログ

・PV数…月間100万～200万

・CTR…3%

・CVR…3%

・承認率…99%

・広告単価…10円～50円（書籍の紹介・販売額の3%）

1,000,000～2,000,000 × 0.03 × 0.03 × 0.99 × 10～50

想定報酬額：8,910円～89,100円

　かなり大まかな計算ですが、それでもBの書評ブログで書籍を紹介する
だけでは、どれだけ多くのアクセスを集めたところでビジネスクラスの報
酬を得るのは難しそうだな…と直感的に理解できるはずです。Amazon
アソシエイトを利用し、Cookie有効下での買い回り報酬を含めたとして
も、100万円を超えられるとは思えません。

　実際、この書評ブログは、収益性を無視して私が趣味的に運営していま
すが、アドネットワークを含めても月30万円前後の報酬で推移しており、
アクセス数の割に大して儲かっていないのが現実です。

　サイト制作にかかる前に、そのサイトが軌道に乗った後の報酬レベルを
予想するのを、絶対に忘れないようにしてください。

1-3

どんなジャンルのサイトを作れば、報酬レベルが高まるのか

Chapter1

アフィリエイトはジャンル選びの時点で 勝負がついている

　前項では、顧客単価が高く収益性がある比較サイトＡと、逆に収益性の乏しい書評ブログＢの例を取り上げましたが、Ｂの書評ブログでも書籍以外の商品紹介を増やし、キャッシュポイントを作れば収益性を改善することは可能です。

　私がそうしていない理由は、趣味的な書評ブログに手を入れて報酬の底上げを図るよりも、最初から高単価の商品を扱っているＡの比較サイトに注力したほうが**時間効率に優れるから**です。

　Ａの比較サイトで1件成約すれば、2万円の報酬が入ってきます。書評ブログで細かい報酬をかき集めて2万円上乗せする労力と比べて、どちらのサイトに優先して営業時間を使うべきかは想像がつくでしょう。

　当然、Ａの比較サイトの改善にエネルギーを使って、CTRやCVRを0.1％でも向上させた方が、大きな効果を得られるのです。Ａの比較サイ

トでCTRが0.1％改善した場合、報酬予想額は5.4万円〜7.2万円増えますが、これはBの書評ブログの広告単価を全て倍にするのと同じくらいのインパクトがあります。

図 1-3-1　報酬レベルが高いサイトを優先して改善する

アフィリエイト業界では、「**サイトを作る前のジャンル選びで、すでに勝負がついている**」と半ば常識のように語られていますが、この試算をすると、その言葉の意味が嫌というほど実感できるでしょう。

しかし、実際はこのような簡単な報酬レベルの予測すらせずに、「自分の好きなネタでサイトを作るのが近道」というスローガンをお経のように唱え続け、読書が好きで濃い記事が書けるからという理由だけで、書評ブログを書き続けて伸び悩んでいる人が大勢いるのです。

自分が好きなジャンル・得意なジャンルでサイトを作ること自体は間違いではなく、私も推奨しています。しかし、それはあくまでサイト運営を有利に進めるための要素の1つに過ぎず、それだけで高い報酬が約束されるわけではない点にくれぐれも注意してください。

広告競争が激しいジャンルにこそ
チャンスがある

　このようにして考えると、アフィリエイトサイトで扱うべきジャンルや商材の基本的な条件が見えてきます。それは、「企業間のシェア争いが激しく、多額の広告予算を割いて宣伝合戦をしていること」です。

　電通が行った「2016年 日本の広告費 業種別広告費」(http://www.dentsu.co.jp/knowledge/ad_cost/2016/business.html)の調査結果によると、日本でもっとも広告宣伝費を使っているのは化粧品業界となっていて、続いて情報通信、食品と並びます。どれも日常的に広告を目にするジャンルですね。また宣伝費の総額では小さいものの、電力自由化を機にエネルギー業界の宣伝費が前年と比べ2倍以上の伸びとなっています。

　このように多額の広告宣伝費がつぎ込まれているジャンルや、勢いがあって伸びている業種を選んでサイトを作ることで、それだけ恩恵にあずかるチャンスが増えると考えられます。

　逆に、ファッションやスポーツ用品といったジャンルは、前年からマイナスとなっており縮小傾向です。家電や家庭用品も広告費の総額が小さいため、アフィリエイトサイトの取り分は決して多くなく、これから有利な特別条件などはなかなか通らないだろうと予想されます。

　いくら良質なサイトを作りアクセスを集めたところで、広告費を払うスポンサー企業が予算を組んでくれないことには1円の報酬も入りません。アフィリエイトサイトを趣味ではなく事業として運営するのであれば、企業の広告予算が潤沢でお金が唸っているポイントを調査し、そこを目掛けて釣り糸を放るのが合理的なのです。

図 1-3-2　取り組むジャンルの選び方

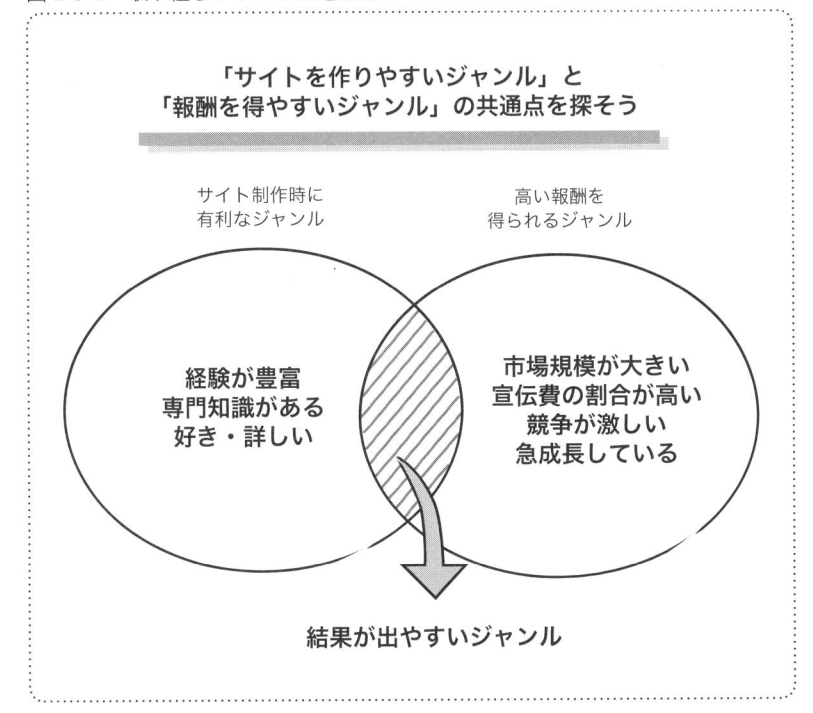

ニッチなサイトで1番になっても儲からない

　売れないアフィリエイターでよく、「ニッチ、ニッチ」とおまじないのように唱えている人がいます。残念ですが、**ニッチなジャンルでビジネスクラスの報酬は期待できません。**

　ニッチな市場というのはライバルが少なく、一見するとブルーオーシャンに思えます。しかし、そもそも訪問者や購買者の絶対数が少なく販売業者の競争もありませんので、少アクセス・低単価となりがちです。趣味を題材としたブログで少しのおこづかいが手に入れば十分という方にはピッタリですが、よほど数多くのサイトを展開しない限り、生活を成り立たせるだけの報酬を得るのは困難と思われます。

◎メジャーな市場
（大きなアクセス数）×（高い広告単価）＝（高い報酬）
△ニッチな市場…
（小さなアクセス数）×（安い広告単価）＝（安い報酬）

　サイトの営業活動を行ってスポンサーから有利な条件を引き出すためには、スポンサー側にも高い熱量が必要です。

　ライバル企業を少しでも上回りたい、なんとしてでも業績を伸ばしたい…そういう必要性や緊急性に対して企業は予算を組みますので、激しい広告合戦が繰り広げられているジャンルであるほど、アフィリエイトサイトを武器にした営業活動はやりやすくなるのです（営業活動による報酬アッ

プの手法については、後の章で詳しく解説します）。

　あなたは既にプロのアフィリエイト事業者か、またはそれを目指している方のはずです。ニッチなジャンルの細々とした報酬で満足している場合ではありません。「今稼げるジャンルはこれ！」とASPが大きく宣伝しているようなメジャーなジャンルの方が、企業の広告予算の恩恵を受けられる可能性は高いですから、安易に小さなジャンルへ逃げ込むのは避けてください。

　どうしたらメジャーなジャンルの中で、スキマを見つけて立ち位置を確保できるのか？
　競争が激しいジャンルの中で、自分の経験や個性を活かせる切り口はないか？

　そこを出発点にして考える習慣を身につけることが、ビジネスクラスのサイトを作るための第一歩なのです。

1-4
アフィリエイトの目標や計画を明確にする
Chapter1

今年の売上目標や予算を聞かれて即答できるか？

ここでとても重要な質問をします。

あなたは今年1年間のアフィリエイト事業で、いくらの報酬（売上）を得る計画ですか？

その報酬を得るために、経費はどれくらいかかりますか？

そして、あなた個人の手元に残る取り分（利益）は、いくらを想定していますか？

私が他のアフィリエイターから相談を受ける時は、最初にこういった事業計画に関する質問をします。

これはレベルの低い人を相手にしないという意味ではありません。一口にアフィリエイターと言っても、目標とする報酬レベルや事業規模は様々で、月々のおこづかいを少し増やしたいと考えている方もいれば、ビジネスクラスの報酬を得て法人化・組織化を目指している方もいるわけです。

　目標や投入できるリソースによって事業計画は全く変わってきますから、ご相談を受けるに当たってはその人がどれくらいの報酬を思い描き、どれだけの予算や労力を割けるか確認することが必須なのです。

　しかし残念なことに、自分の目標や計画を即答できる方は極めて少数で、「将来的には月100万円以上が理想」といった曖昧な表現であるケースがほとんどです。これでは具体的な行動には繋げにくいですし、即効性のあるアドバイスもできません。

**　年間目標も予算も決まっていない、果たしてこれがビジネスと言えるのでしょうか？**

図 1-4-1　目標が具体的なら行動も具体化できる

どんな業種でも「事業計画」がなければ 仕事にならない

趣味のおこづかい稼ぎと、ビジネスクラスのアフィリエイトを分けるラインの1つが、事業計画の精度にあります。

年間の事業計画を定め、その目標を実現するためにはどうすればいいのか、月割り・日割りにしてサイト運営や営業活動を行い、決めた目標をクリアすることで事業を成長・持続させていく。

改めて説明するのが恥ずかしいくらい、どの業種でも当たり前のことなのですが、なぜかアフィリエイト業界では実践している人が少数派です。

仮にあなたの今年の年間報酬が600万円で、翌年の報酬目標が1,000万円だとします。1年間で400万円の報酬増を目指すわけですから、これから毎月34万円ずつ上乗せが必要となります。それが分かったら、次は月34万円の報酬をどうやって増やすのか、具体的な方策を考えていきます。

その方策が「新規のサイトで報酬を増やす」なら、どんなジャンルでいくつサイトを作れば月34万円になるのか。「10万円規模の新規サイトを3〜4つ作る」なら、そのための時間と労力をどうやって確保するか。

もしくは「既存サイトで月34万円の報酬を上乗せする」方法はあるか。最近の実績に基づく特別条件の交渉や、純広告の営業をすることができないか。

　場合によっては、アフィリエイト以外の収入（他メディアでの執筆やセミナー講師、有料記事の販売など）を得ることができないか。

　まず**事業計画と目標の数値を明確にし、その実現のために手段を考えて講じる。このステップが必須**だと考えてください。

図 1-4-2　月 34 万円の報酬を上乗せするにはどんな方法があるか

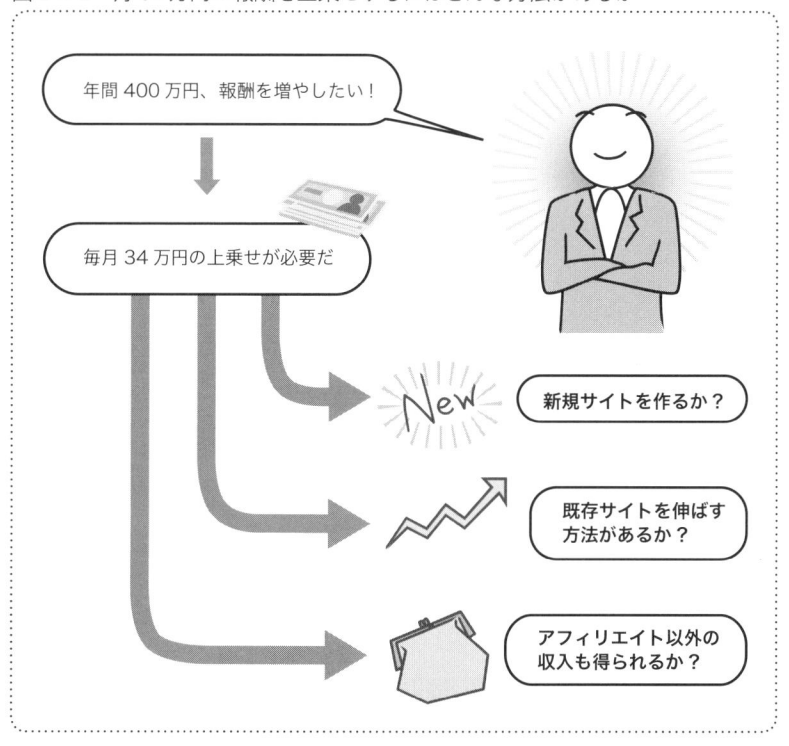

1-5

サイトの目的を見誤っていないか

Chapter1

BtoBの概念を理解してサイトを運営すること

　アフィリエイターがサイトを運営する目的は、広告報酬で利益を出すことです。そのためには、サイトの利用者だけでなく広告主の企業を満足させる必要があります。

　売れないアフィリエイターの思考に着目した時、特徴的なのは「自分が企業の販促活動の一端を担っている」というBtoB感覚の欠如です。BtoBとは「Business-to-Business」の略で、企業が他の企業と取引することを指します。

　アフィリエイトは企業から手数料を得るビジネスですから、立派な企業間取引、BtoBモデルです。

　アフィリエイターは消費者から見ると「商品選びを助けてくれるアドバイザー」であり、同時に企業視点では「販促活動の代行業者」であると言えるでしょう。サイトの収益性を高めるには、消費者と企業、両者のニーズをバランス良く満たすことが必要です。

図 1-5-1　BtoB と BtoC

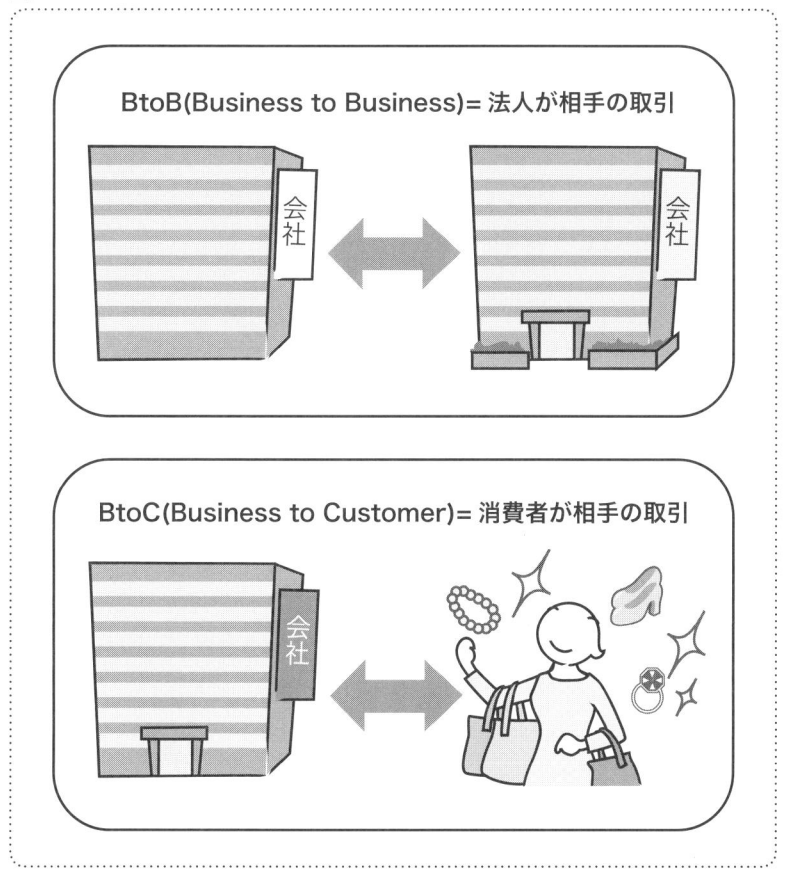

雑記ブログを運営しているブロガーがアフィリエイト活動している時に顕著なのですが、報酬が伸びない場合は消費者と企業どちらかのニーズを満たせていないことがあります。

消費者の都合を無視して「売りたい、売りたい」という飢餓感が前面に出ているサイトを読者は相手にしない、という理屈は今さら説明するまでもないでしょう。

ここで取り上げるのは、消費者代表としてのスタンスが強すぎるブロガーが、企業の利益に反する記事を書いてしまうパターンです。

広告主に損失を与えると 皆が損をする

　記事が企業の利益に反するとは、どういうことでしょうか？

　例えば、スマートフォンの販売代理店が広告主だとします。その企業と提携し広告を取得した上で、ブログでは広告主が本来想定していないような、裏技的なキャッシュバックの手法を紹介して還元率をアピールしているケースを考えてみましょう。

　この場合、消費者は喜びます。「お得な情報を教えてくれる有益なサイトだ！」と感謝されるかもしれません。アクセスが伸び、SNSでシェアされ、いいねボタンが押されて運営者も気分がいいことでしょう。

　一方、広告主の内側では、どういう変化が起こるでしょうか？

　成約件数は伸びるものの、想定外のキャッシュバックも増えるため収益が圧迫され、広告費との適正なバランスが崩れる恐れがあります。

　採算割れした場合、赤字を出しながら広告を続けるわけにはいきませんので、報酬を引き下げる、承認条件を厳しくする、あるいはアフィリエイトから撤退する…という事態が起こりえます。キャッシュバック施策自体が終了した場合は、消費者にまで損失が広がるかもしれません。

せっかく時間をかけて有益なコンテンツを作り、サイトにアクセスを集め、報酬が増えた矢先に広告主が撤退するという最悪のパターンが起こり、広告主とブロガーの共倒れに終わります。広告主は痛い目にあって学習し、「アフィリエイトは懲り懲りだ」という悪印象が残る恐れすらあるでしょう。

この広告主の撤退という事態は、あなただけでなく他のアフィリエイターの首も締めることになり、業界全体のパイを縮小させることに繋がります。

消費者と企業に利益を与えなければ
報酬は増えない

サイトを運営するにあたって、消費者利益の追求は支持を集めるために大切な要素ですが、スタンスが偏りすぎて企業に損失を与えてしまっては本末転倒です。BtoBモデルは共存共栄が大原則であり、どちらか一方が損をすることは基本的にあってはなりません。**あなたは消費者代表である以前に、販促活動の関連企業として座組に加わっている**ことを認識してください。

消費者に利益を与えれば、サイトは支持され販促チャネルとして機能します。そのサイトを通じて広告主に正しい利益をもたらして初めて、見返りに広告報酬がもらえる。消費者視点と企業視点のどちらが欠けてもサイト運営は成り立たず、長期的に安定した報酬を得ることは困難なのです。

親しいアフィリエイターの報酬額
＝自分の報酬額

　セミナーや懇親会が目当てで、アフィリエイト塾やサロンに所属している方も多くいらっしゃるでしょう。

　アフィリエイターは、共通テキストや必修課程が存在せず、独学でチャレンジする方が多いため、情報の不足や偏りが弱点となりがちです。そうした弱みを補うために、アフィリエイター同士で交流の場を持つことには大いに賛成します。

　しかし、初心者の頃に情報源を求めて入会した塾やサロンに、ずっと出入りしているのは考えものです。なぜなら、**あなたの報酬額は友達付き合いをするアフィリエイター次第で決まる**からです。

　あなたが親しくしているアフィリエイターが何人かいるなら、彼らの報酬額を思い浮かべてみてください。おそらく、その平均値が自分の報酬額と同レベルになるはずです。

付き合う相手の価値観や習慣が
自分にも影響する

　「朱に交われば赤くなる」ということわざが示す通り、身近な集団の価値観や言動、生活習慣は自分自身に大きな影響を及ぼします。同じアフィリエイターという職業でも、月報酬が1万円の人と100万円の人とでは、アフィリエイトに対する考え方や日頃の生活習慣が全く異なるのは想像できるでしょう。

　ビジネスクラスの報酬を目指しているのに、おこづかい稼ぎのアフィリエイターとだけ交流し、その言動や思考が当たり前だと感じているうちは、いつまで経っても報酬を増やすことはできません。

　アフィリエイトに限らず一般論として、社会的に成功している人ほど我が子の学校や友人を選ぶことに熱心です。なぜかというと、周囲の環境が本人の人格に大きな影響を及ぼすことを知っているからです。お金持ちが自分の子を有名私立校へ入れるのは、世間体や学歴のためではありません。日常的に接する友人をフィルタリングし、生活習慣を身につける上で、よりふさわしい環境を与えたいと考えているからなのです。

　「あなたの友人を教えてくれたら、あなたがどんな人か当ててみせよう」（「ドン・キホーテ」）

　「その人のことを知りたければ、その友人を見なさい」（荀子）

これと同様の教えは、古くから洋の東西を問わず繰り返し説かれています。**自分がアフィリエイトで成功したければ、既にアフィリエイトで成功している人と付き合い、その言動や習慣を見習うべきなのです。**決して、手当たり次第に他のアフィリエイターと無差別な情報交換をすれば良いというわけではありません。

　付き合う友人は近い将来の自分を映す鏡と考え、自分がこうなりたいという理想的な友人と過ごすことが大切です。

アフィリエイト初心者コミュニティから卒業する

　アフィリエイトで月5万円〜30万円といった報酬をコンスタントに得られるようになれば、副業としては十分成功と言えるでしょう。初級者対象のアフィリエイト塾にいる会員のほとんどは、月1万円未満の報酬で燻っていますから、月30万円の実績を引っさげて懇親会に参加したなら、羨望と尊敬を浴びて質問攻めにされることでしょう。自尊心や承認欲求が満たされる、たいへん心地良いひとときです。

　しかし、そこで天狗になったままでは、自分の成長が止まる恐れがあります。報酬が伸びずに悩んでいる人たちといくら話していても、自分のアフィリエイト報酬を増やすヒントは得られません。

　自分が所属するアフィリエイトのコミュニティでトップレベルになってしまったら、早めに卒業してワンランク上の実績を出している友人を作りましょう。**「毎月100万円の報酬は当たり前」という感覚の人たちの輪の中にいさえすれば、細かいノウハウは普段の会話から勝手に身につく**ものです。

　実績が桁違いの大物アフィリエイターと対等に友人付き合いをするのは、現実的ではないかもしれませんが、アフィリエイト業であなたが目指す道を1〜2年先に進んでいる先輩であれば、その背中からはセミナーや書籍以上に多くのことが学べるはずです。

図 1-6-1　集団によって「常識」はこんなに違う

毎月100万円以上の報酬を本気で狙う為の

【アフィリエイト】
上級バイブル

ビジネスクラスの
アフィリエイトサイトは
こうやって作る

2-1
サイトは必ず「日本一」の内容で作る
Chapter2

日本一のサイト以外はこの世に必要ない？

　ここからはもう少し踏み込んで、「サイト運営の戦略」を考えていきましょう。

　あなたがどんなジャンルでアフィリエイトサイトを作るにせよ、最初に心に決めて欲しいことがあります。それは、今から作るサイトを日本一の内容にするということです。

　「できれば日本一を目指す」とか「いつかは日本一になれたらいいな」ではありません。**日本一であることが前提であり、出発点となります。**

　なぜ、こんなことを要求するのかというと、日本一のサイト以外は世の中の利用者に必要とされていないからです。

　なお、いきなり日本一などと大げさなことを言われて、困惑している方もいると思いますが、順番に説明しますので落ち着いて読み進めてくださいね。

勝者が全てを総取りするWeb業界

　病院や飲食店といったローカルなサービスを提供する業種と異なり、Webのビジネスには「Winner take all」と呼ばれる原則があります。

　元々は、ギャンブルなどで勝者が利益を総取りにするという意味の言葉ですが、ビジネスがIT化・グローバル化するにつれて大企業による寡占が進んだことにより、マーケティングの分野でもよく使われるようになりました。AmazonやGoogleといった巨大企業が、2位以下のライバルに圧倒的な差をつけて独走していることを思い出してください。まさに「勝者総取り」の図式と言えるでしょう。

　これは私たちにとっても無関係ではありません。

　例えば、比較サイト最大手の「価格.com」に続く第2位の比較サービスはどこか分かりますか？

　「メルカリ」の次に利用者が多いフリマアプリを知っていますか？

　年輩の方がブラウザのホームページに設定しているサイトで、「Yahoo! JAPAN」以外のものが思い浮かびますか？

　どれも2番手、3番手が思いつかない方も多いのではないでしょうか。

　アフィリエイトサイトが主に想定している利用者は「商品の選び方が分からない」「他の人がどの商品を買っているか知りたい」「人気がある商品の口コミが見たい」といった情報に流されやすい層ですから、人気があるサービスや有名なサービスへの誘引には特に弱いと考えられます。

　つまり、アフィリエイターが自分のサイトへ来て欲しいと思っている利

用者は権威に弱く、日本一のサイトしか見ない層である可能性が高いということです。だからこそ、あなたはまず日本一のサイトを作ることから始めなければならないのです。

「日本一」のサイトは誰でも作れる

　この話をすると、多くのアフィリエイターが困惑した顔になります。そんなことができたら最初から相談なんかしていない、競合に勝てるサイトが作れないから困っているのだと言いたげです。

　そう思った人は、「日本一」のハードルを高くイメージしすぎています。長年の実績がある大手サイトに対し、個人のアフィリエイターが正面から同じ土俵でぶつかっても、サイトの内容や運営体力でそうそう敵わないでしょう。そんな時は切り口を少しずらして、サイトに新しい立ち位置を与えてあげればよいのです。

日本一情報が詳しい／新しい

日本一著者が若い／高齢だ

日本一インタビューが多い

日本一写真や動画が多い

日本一SNSへの投稿が多い

日本一PPC広告のインパクトがある

日本一楽しい／くだらない

日本一頭にくる／腹が立つ

こういったサイトの立ち位置は無数に考えられます。

サイトの価値は統一された絶対的な指標で決まるわけではなく、利用者が求めているニーズと一致するかどうかで左右されますので、その利用者にとって、あなたのサイトが日本一でありさえすれば問題ありません。要は、**サイトに突き抜けた個性・売り文句を与えましょう**ということです。

普通のサイトでも「小学生」が
作っただけで大騒ぎ

少し前の話ですが、「小学4年生が政権批判をするWebサイトを作った」として世間の注目を集めたことがありました。これは後に大学生の手による仕込みと判明しましたが、「小学4年生が作った」という触れ込みでなければ大きな話題にはならなかったでしょう。中身が凡庸なサイトでも「誰が作ったか」という付加的な属性情報だけで大きな拡散を起こすことができたわけです。

私は何も、あなたに日本一お金がかかった巨大なサイトを作り、大企業が運営するメディアと正面から戦いなさいと言いたいわけではありません。

「自分のサイトはこの点にかけては日本一だ」という切り口や個性、セールスポイントを明確にしないと、比較表やおすすめランキングを並べただけの無個性で説得力に乏しいサイトになってしまい、利用者が訪問するだけの理由が得にくいのです。セールスポイントや切り口が不明確なサイトは、後の章で触れる営業や交渉の場でも材料に乏しく不利になります。

あなたは、自分のサイトをどの切り口で日本一にしたいと思いますか？

2-2
利用者の満足度を
日本一にする
Chapter2

SEOからSXOの時代へ

　アフィリエイトに限らず、Web全般で2016年頃からよく耳にするように
なった言葉の一つが「SXO（Search eXperience Optimization）」
です。従来の「SEO（Search Engine Optimization）」に替わる概念とし
て、もしくはSEOの新しい側面として盛んに取り上げられるようになり
ました。

　勉強熱心な方であればすでに耳にタコができるほど何度も聞かされた
言葉と思いますが、サイト制作の全編を通して非常に重要な概念であるた
め、復習を兼ねて簡単に触れておきます。

　数年前まで、Googleがサイトの価値を判断する基準は「被リンクの数」
や「ドメインパワー」「検索ワードとの一致」などが中心であると考えられ
てきましたが、それを利用した（逆手に取った）テクニカルなSEOの手法
が広まるにつれ、Googleは利用者が本当に満足のいく体験を得られてい
ないと考えたのでしょう。度重なるアルゴリズムのアップデートにより、

従来のような単純なSEOでは効果が実感しにくくなっているようです。

　代わりに近年台頭しつつあるのがSXOの考え方で、噛み砕いて言うと「検索エンジンの利用者がどれだけニーズに沿った体験 (Experience) を得られたか」を重要視するということです。この表現が漠然とした精神論のように感じられたため、満足のいく体験とは何かを巡ってアフィリエイターが右往左往した時期もありました。

<h2 style="text-align:center">利用者が満足する体験
＝「知りたいことが簡単に分かる」こと</h2>

　検索ユーザーが満足する体験とは、要するに「検索エンジンに向かうに至った動機がスムーズに達成されること」です。検索結果に満足するために大切なのは、サイトの「ユーザビリティ」と「検索意図への適合度」であると考えられています。

・ユーザビリティ

　この場合の「ユーザビリティ」とは、知りたい情報に簡単にアクセスできるかどうかを指します。もしそのページに知りたい答えが載っていたとしても、1万字の長文コンテンツの中にひっそり埋もれていて何度も読み返さないと答えが分からないようでは、決してユーザビリティが高いとは言えません。読み手はウンザリしてブラウザの「戻る」をクリックしてしまいます。

　このような難解なコンテンツ制作が許されるのは (本当は許されるべきではないのですが)、「Wikipedia」のように圧倒的な規模を備えている場

合や、官公庁のお知らせやアカデミックな論文のように権威を持っている
場合だけです。仮にアフィリエイトサイトのコンテンツが Wikipedia や役
所が出す広報のように不親切な書かれ方をしていたなら、報酬はほとんど
発生しないでしょう。

・検索意図への適合度

　「検索意図への適合度」は、検索結果で知りたかった答えが正しく提示
されたかどうかです。例えば「札幌　気温　3月」と検索する人に対して、
どんな情報を提供するのが検索意図に合致すると思いますか?

　普段から利用者のニーズを分析しているアフィリエイターであればピ
ンと来ると思いますが、この場合にふさわしいと思われるのは「3月の札
幌に適した服装」の情報です。これから旅行や出張で札幌へ行く予定の人
が、3月はどれくらい気温が下がるかわからず、どんな格好で行くべきか
を知りたがっているのだと考えられます。

　それなのに、機械的に札幌の最高気温や最低気温の統計グラフだけを
載せていたのでは、利用者の検索意図を満たすことは困難と言えます。
キーワードの先にあるニーズを読み解き、先回りして回答をスマートに提
示するのが満足度を高める鍵だというわけです。

・SEO で重要とされる項目

キーワードとの合致

情報量・網羅性

被リンクの強さ

ドメインパワー

更新頻度

適時性

・SXO で重要とされる項目

検索意図との合致

ユーザビリティ

SXOの考え方では、求められる要素はこの抽象的な2点だけです。他のテクニカルな要素について勉強不足だと感じても、それらは後回しで構いません。この2点を実現する過程で、他の実務的な知識は勝手に追いついてくるものだからです。

自分が作っているコンテンツは果たして検索ユーザーのニーズを満たせるのか？

自分が訪問者だとしたらこのサイトは使いやすく、すぐに目的の情報にたどり着けるのか？

この自問自答を何度も繰り返すことで、検索意図に日本一マッチしたサイトを作り上げることができ、利用者の満足度を高めることが可能となります。

文字数や記事数には
こだわらない

Chapter2

利用者の満足度だけを考える

少し前のSEOでは、長文コンテンツが良いとされる時期がありました。最低5千字、できれば1万字オーバーの記事を長時間かけて作り、情報の網羅性を高めるのがSEOに効く…といった見出しが、その界隈のブログを賑わせたこともあります。

また記事数が多ければ多いほどロングテールアクセスが見込めると考え、ありとあらゆる複合キーワードを選定して記事制作業者に安価で委託し、コピペに等しい記事を量産する向きもありました。

しかし、これらの手法はSXOで重要とされる「ユーザビリティ」や「検索意図との適合性」とはまったく関係がありません。長文コンテンツや量産コンテンツは、**主に検索ワードを拾い上げロングテールのアクセス数を増やすことが主眼であり、利用者の満足度を考えて行われているわけではないからです。**

　そういった、手段を選ばずとにかくアクセスの数字を増やして安心したい！というアフィリエイター側の都合で作られたサイトを、もはやGoogleは評価しません。また利用者のリテラシーも高まっており、粗悪なサイトを見抜く嗅覚はどんどん精度が上がっています。

　このような環境の変化を受けて、これからアフィリエイトサイトを制作する上では、文字数や記事数を指標とせず、とにかく**利用者が本当に満足してくれるサイトにブラッシュアップすることのみを愚直に追求すべき**なのです。

　それには、過去に制作したコンテンツのチェックも重要となります。サイトに昔投稿した記事が古い情報のまま放置されていたり、今の視点で評価すると文章のクオリティが低くて恥ずかしかったりしないでしょうか？
　そういったサイトの穴を塞ぎ、少しでも利用者がガッカリして帰ることのないようメンテナンスをする心配りこそが、SXOの基本です。がむしゃらに毎日たくさんの新規投稿を重ねることや、内容の薄い不必要な長文コンテンツの制作は、今後アフィリエイターに求められる業務ではありません。

　よく「1記事の文字数はどれくらい必要か」とか「1サイトに何記事くらい入れれば十分か」といった質問をいただきますが、これは残念ながら自分の都合しか考えていませんと大声で触れ回るようなものです。今後は「この内容で利用者は満足してくれるだろうか」「どうしたら競合よりも便利で親切なサイトになるか」と、自問する癖をつけて欲しいと思います。

利用者視点に欠けるサイトは
自分の首を絞める

　利用者を無視してこちらの都合を押し付けるようなサイト運営を続けていると、いずれ溜まった不満が表面化します。2016年に杜撰な編集体制が明らかになり大炎上したキュレーションメディア「WELQ」の例を見ても、利用者視点を欠き一方的なパワープレイに走ったサイトが大きな時限爆弾を抱え込むことは明らかです。

　もっとも恐ろしいのは、そういった手法が社会問題となって広く報道されることで、利用者が広告付きのメディアを避けるようになったり、広告主がイメージ悪化を恐れてアフィリエイトから撤退したりといった事態を招くことでしょう。

　自浄作用がない業界の末路は大幅な法規制による縮小しかありません。もしアフィリエイトの悪質な例が大々的に報道され、世論がアフィリエイト規制に傾いた場合、多くのアフィリエイターが職を失って路頭に迷うことになります。自分の首を締めないためにも、利用者にとって納得できる、有意義と思われるようなサイト作りが大前提なのです。

　経営リスクを避ける上でも、アフィリエイターは瞬間的に流行しているテクニックに振り回されるのではなく、サイトが本当に検索ユーザーにとって価値のある内容を提供しているのかを常に自問することが求められます。

2-4
アクセス数より
「送客の質」に注目する
Chapter2

広告主にとって利益のある
アクセスを集める

　アフィリエイトの入門書には、アクセス数を増やすための工夫がたくさん載っています。最初に報酬を発生させるためにはある程度アクセス数を伸ばさなければ話になりませんので、入門書としては当然の流れと言えるでしょう。

　その次のステップとして、ビジネスクラスのアフィリエイターはアクセスの「数」だけでなく「質」を考えることも重要となります。

　ここで言う「アクセスの質」とは、購買意欲と購買力によって決まるユーザー属性のことです。

　アフィリエイトサイトだからと言って、闇雲に送客して発生件数を増やすことが常に正しいとは限りません。1章でお伝えしたスマートフォン販売の話を思い出してください。

　アフィリエイトサイトから広告主のランディングページへ送られる利用者は、あくまで企業の利益に繋がらなければなりません。冷やかしだけ

で買わない、試供品だけもらって終わり、商品の悪評を広める…といった良くない属性の利用者をいくら送客したところで広告主の利益は増えませんし、担当者から見てあなたのサイトの評価が上がることもなく、報酬アップにもつながりません。

図 2-4-1　アクセスの質によるユーザー属性の区分

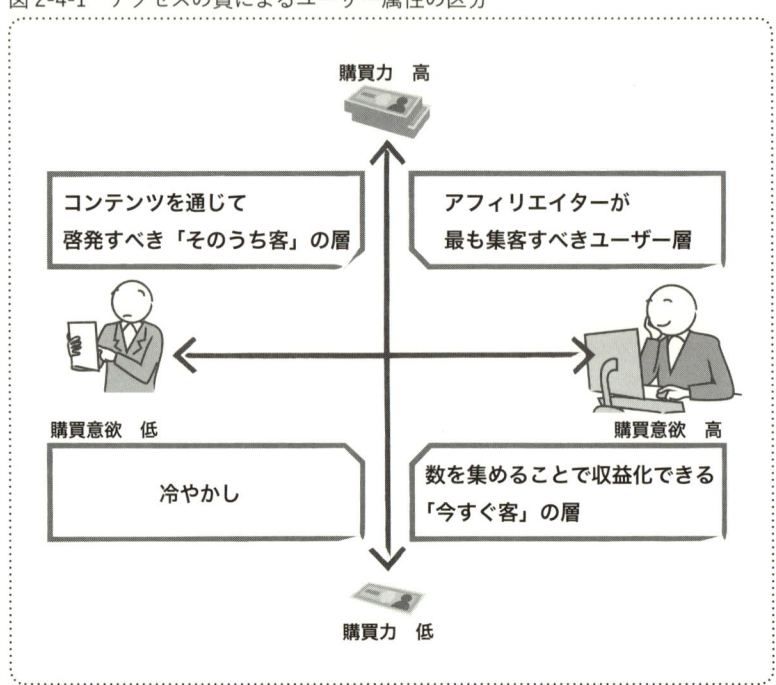

繰り返しますが、企業にとって有益な利用者を集めて送客することがアフィリエイターには求められているのです。

送客の質が上がると何が変わるのか

あなたのサイト経由でランディングページを訪れた利用者が他サイト経由に比べてCVRやLTVが高い、逆にクレームや返品率は低い、といったデータが表面化すると、企業の担当者はもちろん喜びます。

＊LTV…Life Time Value（顧客が一生を通じてその企業に払う金額）

また、サイトやあなた自身の評価が上がり、他のアフィリエイターよりも優先的に押さえておきたいビジネスパートナーとみなされることで、様々な条件交渉がやりやすくなり、ビジネスらしさがグンと高まることでしょう。

◆広告主にパートナーとして認められると可能になる交渉の例

特別報酬・固定費

サンプル提供

新商品を発売前に体験

クローズド案件の打診

アフィリエイト以外の業務提携

何かの際に企業担当者から頼られるアフィリエイターとなっておくことで、ビジネスの選択肢や可能性は大きく広がります。

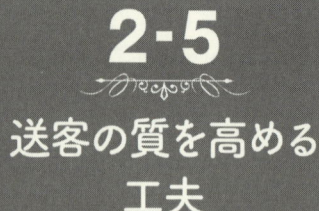

2-5
送客の質を高める 工夫
Chapter2

購買力は検索ワードで予想できる

　さて、購買力が高く広告主にとって有益な利用者をサイトに集めるには、一体どうすれば良いのでしょうか?

　利用者の属性に大きく影響するのは、あなたのサイトが想定している集客キーワードです。

　例えば、無料・激安・コストパフォーマンス (コスパ) といった、「とにかく安く手に入れたい」というような意図が感じられるワードを狙ってコンテンツを作り込んだ場合、当然ながらあまり良い属性の利用者は集まりません。こういったキーワードで情報を探している人は、仮に購買意欲はあっても実際の購買力 (使える金額) が低いと予想されるからです。

　ここで、購買力ごとの検索キーワード例を見ながら、客層について考えてみましょう。

◆購買力が低い検索ワード例

無料

お試し

コスパ

お得

激安

これは商材そのものが見込んでいる客層によっても大きく左右されますので、サイトを作る際は、安売りや無料配布が主な戦略となっている利益率が低いジャンルを避けることが大切です。

ジャンル選びの時点で購買力が低い層をターゲットにしてしまうと、どんなに頑張ってサイトを更新しても大して報酬が増えないという泥沼にはまる恐れがあります。真面目に努力しているのに成果が伸びないアフィリエイターの多くは、その罠を見落としがちです。

もちろん、購買力の低い客層を取り込み、サイトを通じて本命の商品の良さを啓発して購入へ繋げることができればそれに越したことはないのですが、利用者の消費性向はそんなにコロコロと変わるものではありません。日頃から節約や安売りを重視している人が、比較サイトを眺めただけで気前のいい顧客になることは期待しにくいのが現実です。

ビジネスの効率を重視するならば、**最初から購買力が高い人を呼び込めるようなサイトコンテンツを作るほうが有益**と言えるでしょう。

購買力が高い利用者を呼び込める代表的なワードには、次のようなものがあります。

◆購買力が高い検索ワード例

> 具体的な地域名（新宿・梅田・栄など狭い範囲）
> 評判
> 感想
> ランキング

価格は参考にしつつも、どれを選べば失敗しないのかという体験を元にした評価を知りたがっている層です。

彼らはWebメディアに対するリテラシーが高く、納得させるには相応の情報量や信頼性が必要となりますが、**評判に納得できればそのまま購入してもよい**と考えています。買いたいが決心がつかないので背中を押して欲しい、購入を決意する理由が欲しいと思っているわけです。

また、この層は**リテラシーが高い分だけ自尊心も強いため、自分の判断を正当化する傾向があり、購入すると決めた後はキャンセルが発生しに**くいのも特徴です。逆に安売りが目当ての人は、一度注文した後でも更に安い店を見つけたら平気でそちらへ乗り換えますので、返品などが発生しやすいのです。

広告主の視点に立った場合、「このサイトから来たユーザーはキャンセルや返品が多い」というデータがあると、特別条件の交渉は難航するでしょう。アクセスがいくらあっても送客品質が悪いとサイトの評価にとって足かせとなりますので、購買力の低い利用者をサイト読者のメイン層に据えるのは考えものです。

2-6
企業を取材して
一次情報を手に入れる
Chapter2

単なるレビューで終わらず、
広告主に会いに行く

　利用者の満足度を高めるために有用であり、またGoogleからの評価を得るために不可欠と言われるオリジナルコンテンツの制作は、多くのアフィリエイターにとって共通の課題です。

　他サイトのコピペや「まとめ」ではない情報を生み出すために、自分で商品を購入してレビュー記事を書いている人はかなり多く見受けられます。消費者の代表としてレビューを行い、リアルなレポートを書き起こすことでサイトの価値を高めようとする取り組みは重要です。

　しかし、ビジネスクラスのアフィリエイターとしては、単なる商品レビューで終わっていてはまだ十分とは言えません。一般の消費者では容易に知り得ないことを企業の取材によって明らかにし、公式サイトでは大っぴらに言えないようなマル秘ネタや具体的な宣伝材料を仕入れることで、**記事が読者に深い納得感を提供し、サイトのCVR向上が見込めるように**なります。

商品の価格やスペック、使用感といった表面的なレビューは、ちょっとした手間をかければ誰でも書けます。しかし、それでは購買意欲を大きく左右する「ストーリー」や「作り手の想い」を伝えることはできません。

単価が高い商品ほど、単なるカタログスペックだけでは販売するのが困難となり、付帯的な情報が重視されるようになります。カタログや公式サイトでは分からない情報を仕入れて紹介記事に説得力や信頼感を与えることが、アフィリエイターが取材を行う目的です。

個人のアフィリエイターでも
企業は相手をしてくれる

自分が企業に取材するなんてとんでもない、と考えているアフィリエイターは多いようです。聞けば彼らは「取材とはマスメディアが大掛かりな体制で行うもの」「無名な個人のアフィリエイターが問い合わせをしたところで相手にされない」という先入観から、自分にはそもそも関係ない世界であると誤解しています。

しかしこの考えは間違いで、**広告主は「個人のアフィリエイターだから」という理由で門前払いすることはほとんどありません**。企業のWebマーケティング担当者は、自社商品を少しでも多くWebへ露出するために毎日苦心しています。アフィリエイトという販売手法を採用し、より多くのサイトに掲載させようとしているのが何よりの証拠です。

よほど有名で保守的な大企業でもない限り、低コストでメディアに掲載されるなら基本的には歓迎というスタンスが多数派でしょう。通り一遍の

媒体資料（運営サイトの基本情報）を用意し、ごく一般的なビジネスマナーに則った取材申込書を作ってASP担当者に取り次ぎを依頼すれば、広告主の担当者が予想以上にすんなりと会社に招いてくれることも多いのです。

　それでも取材を断られるケースでは、次のような理由が考えられます。

◆アフィリエイターの取材が断られるケース

・企業側に取材対応をした経験がなく、どうしていいかわからない

・繁忙期やスタッフ不足で物理的に応対する余裕がない

・あなたのサイトに信用や実績がないので得体が知れない

　これらの原因を取り除いてやれば、大抵の企業は取材を受け入れてくれます。

図 2-6-1　企業側もアフィリエイターと会うのは不安

「取材対応をした経験がなく企業側もどうしていいかわからない」について

　初めて取材申し込みをする時は誰でも緊張すると思いますが、それと同じように企業の担当者もアフィリエイターと会うのは緊張しているはずです。

　企業の「中の人」が、アフィリエイトのプロフェッショナルであることは稀です。特に中小企業の場合、「Twitterを使っているから」とか「若いから」「他にできそうな人がいないから」といった理由でなんとなく担当者にされていることも多く、日々手探りで広告運用をしつつ数字の管理や報告に追われています。そこへ得体の知れないアフィリエイターから突然取材の依頼が来たら、どう対応すればいいのか分からず不安になるのも当然でしょう。

　このケースでは、取材の意図や目的を書面で明確に説明し、自分が何者なのか、どういう対応を望むのか、相手にどういったメリットがあるのかを伝えて安心してもらうことで、受け入れの可能性が高まります。

「繁忙期やスタッフ不足で応対する余裕がない」について

　多くの企業では、Webマーケティングの部門は人手が足りていません。先ほど述べたように、ちょっとWebに詳しい程度の担当者が1人で全て回しているなんていうこともザラです。

こういった場合は、できるだけ相手に負担をかけない配慮が必要となります。繁忙期に当たらないよう日程をずらす、メールや文書でのインタビューにして項目を簡潔にする、余裕がありそうな他の部門やエリアでの対応をお願いしてみる、などです。

「あなたのサイトに信用や実績が全くない」について

仮にまったく実績がないアフィリエイターに来られたとしたら、企業側としても困惑するでしょう。

運営者やサイトの情報、これまでの実績、取材を通じてどのような施策に取り組むのかといった内容を簡潔にまとめた媒体資料を、取材申込とあわせて送付することで相手が安心してくれます。

もし公にできる実績がない場合は、できる限り詳細なサイトの制作予定やビジョン、完成イメージを資料にすれば良いでしょう。

いずれにしても、「自分がもし企業側の担当者だったらあなたの取材申込書を見て会いたいと思うか」という視点でチェックすれば、大方の問題点はクリアできるはずです。

2-7

企業に断らせない
取材申し込みのポイント

Chapter2

取材はASP担当者を通すのが無難

　アフィリエイターが企業へ取材申し込みをする際に最もスムーズなのは、ASPの担当者を通じてお願いすることです。

　企業担当者とアフィリエイターが新しく信頼関係を作るのは時間がかかりますが、既に企業とアフィリエイターの双方と取引があるASPに仲介してもらうことで、自分の身元が保証されます。企業側も紹介であれば無碍には断りにくいはずです。

　しかし、ASPも信用ありきで商売していますから、誰でも無差別に企業へ紹介できるわけではありません。あなたがASP担当者から「このアフィリエイターなら信用できる」「紹介してもトラブルにはならない」というお墨付きをもらえるよう、普段から良好な関係を築いておいてください。

　なお、ASP担当者についてもらったり、コミュニケーションを円滑に進めたりするためのノウハウについては、Chapter4で詳しく解説しています。

図 2-7-1　広告主への連絡は ASP 経由で

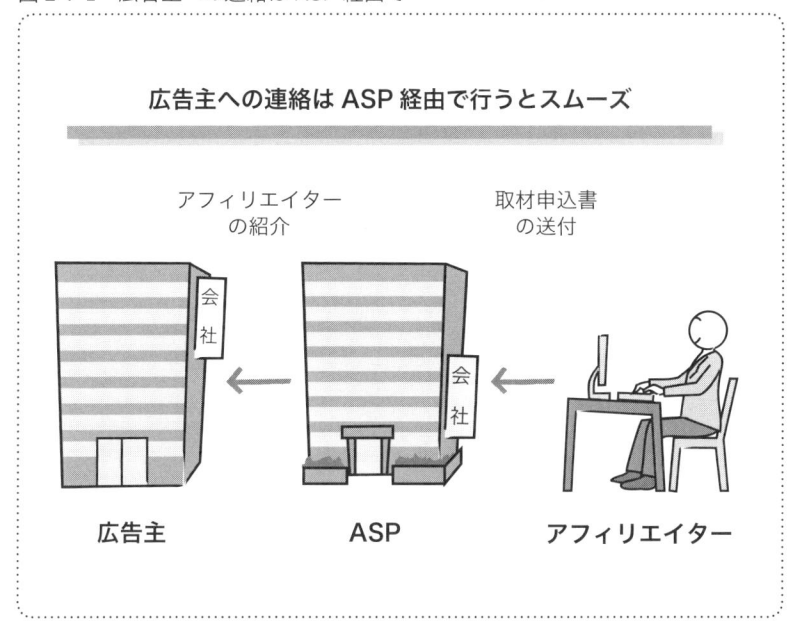

ASP担当者は一般的に異動や離職のサイクルが早いため、半年も連絡を取っていないと音信不通になる場合があります。なるべくこまめに質問や相談で連絡を取り、いつでも相談できるようなパイプを用意しておきましょう。

　取材を申し込む際は、ASP担当者に「○○の企業に取材を申し込みたいので取り次いで欲しい」と伝え、取材申込書や自サイトの媒体資料を添付すればOKです。

　たまに何も資料を付けずメールの文面だけで済ませようとする人がいますが、既に相手企業と何度もやり取りしていて関係ができているならともかく、初回アプローチの際は日本式ビジネスに則った形式を整えた方が安心してもらえます。

取材申込書を作る時のポイント

①企業もアフィリエイターと会うのは慣れていないと考える
②企業が取材を受けてどんなメリットがあるかを提示する

①企業もアフィリエイターと会うのは慣れていないと考える

　取材時に念頭に置くべき点は、企業にとってアフィリエイトは数多くある販促チャネルの1つに過ぎず、アフィリエイトの運用に熟達した担当者はほとんどいないということです。向こうは向こうで、アフィリエイターと会って何を話せばいいのか、どう応対すればいいのかわからず困惑している場合もあります。

　慎重な担当者が「下手なことをしたら悪口を書かれるのではないか」と不必要に警戒していることもありますので、こちらが何を求めているのか、何のために取材をするのかを書面で明確にし、質問内容や要望をあらかじめ伝えることで安心してもらいましょう。

②企業が取材を受けてどんなメリットがあるかを提示する

　広告主の担当者はサラリーマンであり、後ろには上司がいるのが普通です。従って取材対応という業務を行うにあたり、発生するコストに責任を負い、会社に報告する義務があると考えられます。そのため通常は、何の目的で、どういった相手と何を話したのか。そしてそれが会社や部署の業績にどう貢献するのか、取り組む必然性があったのかという「建前」が求

められます。

　その建前の1つとなるのが、取材申込書に書かれている「この取材によって貴社にこんなメリットがありますよ」という提案なわけです。具体的には、「月間10万PVのサイトなので、CTR1％と仮定し、プロモーション実績のCVR1％が実現したと考えると、月10件程度の成約が見込めます」といった内容になるでしょう。

　担当者が上司に対して「この提案ならこの人に会ってもいいですよね」という言い分を用意してあげることで、取材の流れがスムーズになります。記載例やサンプルを載せますので、初めて取材をする方は参考にしてみてください。

図 2-7-2　取材申込書に記載する内容

項目	内容の説明
取材の目的や主旨	何のために取材をするのか 企業にとって取材を受けることでどんなメリットがあるのか
掲載メディア	どこに掲載されるのか サイトのアクセスや送客の実績
取材を希望する日時・場所・所要時間	日程はいくつか候補をあげて相手に選んでもらうと話が早い
希望する取材対象者	アフィリエイト運用担当者・店舗マネージャーなど
取材内容	質問シートに沿ったヒアリング・店舗スタッフへのインタビュー・商品サンプルの試用希望など
人数・使用機材	アフィリエイター以外に同行者がいる場合や大型の撮影機材を持ち込む場合など
誓約事項	機密保持に関する覚え書きなど

もちろん、これらを最初から100%埋めて提出しなければならないというわけではありません。未定の部分や企業と相談しながら決める項目があっても問題ないので、まずは叩き台として提出し、相手の反応を探ってみましょう。

　私がASP担当者や広告主にヒアリングした限りでは、個人レベルのアフィリエイターがこうした文書を用意しているケースは非常に稀で、見たことがないという反応が大勢を占めます。

　普通の会社員ならごく当たり前にやっているビジネス文書の作成や送付をしただけで、「齊藤さんは他のアフィリエイターとは違ってまともですね！」などと言われる有様なのです。アフィリエイターという職業が世間からどのように見られているか、嫌というほど思い知らされます。

　しかし、これはチャンスでもあります。周囲の同業者がそれだけビジネス体質になりきれていないわけですから、あなたが少し意識を変えるだけでライバルに差をつけ、心証をアップさせることができるわけです。せっかくですから、この機を大いに活用してみてはどうでしょうか。

図 2-7-3　取材申込書見本

取材申込書

平成○年○月○日

株式会社　秀和商事
アフィリエイト広告ご担当者様

　　時下ますますご清祥の段、お慶び申し上げます。平素は格別のご高配を賜り、
厚く御礼申し上げます。

　　今般、下記の通り取材の申し込みをいたします。ご多用の折とは存じますが、
何卒ご高配賜りますようお願い申し上げます。

■取材に関するお問い合わせ先
　　齊藤　ミナヨシ
　　TEL　○○○-○○○○-○○○○
　　Email ○○○@○○○○.co.jp

記

【1.取材目的・企画の主旨】

・取材（社内見学・サンプル試用）に基づき、Webサイトへの記事掲載を行い
　ます。○○をテーマにサイトへの露出が増えることで貴社のブランドを認知
　向上させ、アフィリエイトからの新規購入数を増やすことが狙いです。

・一般利用者では接点を持つことが難しいメーカー担当者のインタビューを
　交えて記事を公開することで企業イメージを浸透させ、お客様との心理的な
　距離を縮めます。

・インターネット上には他にも数多くの口コミサイトやランキングサイトが
　存在しますが、いずれも専門知識やメディアでの業務経験が乏しいライター
　の手による安易な転載が「まとめ」と称して氾濫しており、不正確な情報が
　拡散する温床となっています。今回の取材で得た正確な情報を掲載すること
　で、貴社と貴社のお客様を守り、信頼性を向上させます。

■掲載メディア：

　　http://○○○○○○.com

　　・○○関連の検索結果で過去数年にわたり継続的に上位表示されており、他社様におきまして多数の実績があります。

【2.取材の希望日時・場所】

　　・○○年○月頃　秀和商事本社ビル

　　※貴社のご都合にあわせて日時を調整いただき、候補日程を2〜3つ程度ご教示いただけますと幸いです。

【3.取材内容、希望部署など】

　　・社内の見学、写真撮影

　　・アフィリエイトご担当者様への簡単なインタビュー（10分〜20分程度）

　　・アフィリエイト施策についての打ち合わせ

【4.取材に伺う人数】

　　・記者1名（齊藤）

　　※広告代理店・ASPの担当者が若干名同行する場合があります。

　　※大型の撮影機材や車両は使用しません。

【5.誓約事項】

　　・取材、撮影にあたっては現場スタッフの指示や判断に従います。貴社の通常業務に支障をきたさぬよう十分な注意を払い、取材可能な範囲を厳守いたします。

　　・取材で知り得た情報は記事制作目的以外には利用しません。また記事は公開前に貴社にご確認いただき、問題を未然に防ぐよう努めます。

　　　　　　　　　　　　　　　　　　　　　　　　　　　　　　　　　以上

ご不明点などがございましたらお手数ですがお問い合わせ下さい。
どうぞよろしくお願いいたします。

取材は準備が9割

　取材のアポが取れたら、事前の準備をしてください。間違っても手ぶら
でぶっつけ本番に臨んではいけません。取材の成否は準備が9割と考えま
しょう。

　一口に取材と言っても決まった形式があるわけではなく、その内容は
様々です。物販系の商材であれば、オフィスを訪問して担当者とのミー
ティング形式でサンプル試用などを交えることも多いでしょうし、体験型
の商材なら現場でのレポートありきの取材になることが予想される、と
いった具合です。

　ここではアフィリエイターが記者とカメラマンを兼務し、広告主のオ
フィスで担当者と顔合わせをしつつインタビュー取材を行うケースでの
準備例をあげておきます。

図 2-8-1　取材に行く前の準備

取材に持参するもの	説明
媒体資料	サイトを紹介する資料
掲載イメージのサンプル	どんな記事になるか相手に説明すると進行がスムーズ
取材申込書（控え）	現場に伝わっていない場合があるので念のため持参
インタビューシートまたはノート	特に重要なポイントや数字はメモを取るとよい
IC レコーダー	スマートフォンでもよいが相手を選ぶこと
カメラ	
手土産	職場で配りやすい個包装のお菓子など

　質問事項や、「当日サンプルを試したい」とか「こういう写真が撮りたい」といった要望は、事前に書面でまとめて伝えます。あまり早く送ると忘れられることがありますので、**取材予定日から3〜4営業日前に送る**のがよいでしょう。間にASPを通す場合はリレー時間がかかりますので余裕を見たほうが無難です。

　レコーダーやカメラはスマートフォンでも十分なのですが、どうしても「とりあえず間に合わせた感」が出てしまうため、私は取材時にスマートフォンを持ち出すのは避けています。

　日本では、仕事のメモをスマートフォンに記録すると年輩の上司に叱られるといった精神文化は根強く残っています。馬鹿馬鹿しいと感じるかもしれませんが、「アフィリエイター」という信用のない職業の者としては、こういう些末な部分で心証を損なわないようにしたほうが色々と得だと考えられないでしょうか。

お客様気分で取材はNG

　たまにASPから聞く話なのですが、取材に行っても自分からは何もせず、広告主が全て段取りをして丁寧に扱ってくれることを期待する「お客様気分」のアフィリエイターがいるそうです。取材とセミナーを混同しているのでしょうか。

　こちらから取材のお願いをしている場合、当日の段取りや司会進行を行うのも基本的にこちら側です。相手先を訪問するので迷惑にならないようにお伺いは立てつつも、**あくまで取材活動を仕切るリーダーは自分であると認識してください。**企業の担当者から見て、アフィリエイターはお客様ではなくプロのメディア事業者であり、ビジネスパートナーなのです。

取材が終わったら

　広告主の担当者や同行してくれたASP担当者にお礼のメールを送り、記事ができたら公開前に内容の確認をしてもらいます。無断で公開すると、万が一機密情報や事実誤認が含まれていた場合に大きなトラブルになる恐れがありますので注意が必要です。

　広告主との実務的なやりとりはASPを間に挟む場合が多いのですが、それにより質問や回答に時間がかかったり、伝言ゲームのように情報が間違って伝わったりすることもあります。アクションは早めに行い、伝えたいことはWordやPDFの書面で添付し、ASPから相手先にそのままパスしてもらえばミスを防ぐことができるでしょう。

2-9

要注意！こんなアフィリエイターは出禁になる

Chapter2

企業に損害を与える
アフィリエイターがいる

　大前提として、取材活動はアフィリエイターだけでなく、相手企業にとってメリットのあるものでなければなりません。広告主の企業が時間や労力、場合によっては金銭コストを割いてまで取材協力してくれるのは、それに見合った利益をアフィリエイターがサイトを通じて提供することを期待されているからです。

　それにも関わらず、中にはスポンサー企業に対し損害を与えるような行為をはたらくアフィリエイターがいて、**特別報酬の取り消しや広告提携の解除、酷い場合にはASPに登録したアカウントまで停止されるような事態**がまれに起こっています。決してそのようなことにならないよう、避けるべき事例として頭の隅に入れておいてください。どれも社会一般の常識があれば回避できるような内容です。

・店舗での取材時間を大幅にオーバー

取材時間は前もって約束しているのに、あれもこれもと現場で質問を増やして約束の時間をオーバーしてしまい、スタッフを拘束して広告主の通常業務に支障を与えた。

・プライバシー感覚の欠如

エステサロンの店舗取材にあたり、多くの一般客がいる待合室でスマートフォンを取り出し、無許可で来院者を含む写真を撮ってブログへ掲載していた。

・オンレコとオフレコの区別ができない

インタビュー記事の中で、「これはオフレコなので載せないでください」と断りがあった部分まで全文書き起こして掲載されており、企業の内部情報がブログへ掲載されていた。

そんな馬鹿な…と呆れるような内容ですが、どれも企業やASPの担当者から実際に聞いた話です。アフィリエイターの多くは商業メディアとしての職業訓練を受けていない素人ですが、企業はアフィリエイターをプロのメディア事業者だと思って接しているため、「そんなことは注意しなくても分かっているだろう」と油断していて、このようなトラブルを招くのだと思われます。

図 2-9-1　機密漏洩

　アフィリエイターは、企業やASPとの信頼関係がなければ大きな報酬を得ることはできません。このような初歩的なトラブルで信用に傷をつけないよう、くれぐれも記事公開前の確認を怠らないようにしてください。

2-10
アフィリエイトサイトにも
高い信頼性が求められている
Chapter2

いまだ根強いリライト中心のサイト

　この本を読んでいる方であれば、オリジナルコンテンツの重要性はすでに十分ご存知のことと思います。

　しかしながら、いまだサイト量産系アフィリエイターを中心としてリライトに頼ったサイト制作を行っている様子が、クラウドソーシングの募集一覧からは見てとれます。

　「表現を変えれば違法ではない」「バレなければ問題ない」という論調が優勢ではあるものの、ビジネスとしてのリスクを考えるとこういった手法は避けるのが無難であり、少なくとも事業の大方針として組み入れるべきではありません。

　大炎上した「WELQ」では、編集部から契約ライターに対し、違法とは言えないものの、倫理的には問題のあるリライトの指示がなされていたことが明らかになりました。同様の手法は、他のキュレーションメディアでもごく当たり前に採用されていたと思われます。

「WELQ」が健康や生命といった非常に重いテーマを扱いながら、無責任な編集を行っていたことから大きな問題となりサイトを公開停止した後、他の大手キュレーションメディアも慌てて方針を変更して、問題のありそうな記事を取り下げ、オリジナルコンテンツの制作に舵を切りました。

一方で、アフィリエイターにまだそれほどの危機感は見られません。大手サイトに比べ露出が少なく影響が限定的であったり、個人ブログのような体裁をとっていたりすることから、「もし問題になったら、その時はその時」というスタンスの運営者が多いように感じます。

アフィリエイトサイトの内容に
責任を負うのは誰か？

GoogleAdSenseのようなアドネットワークを収益源とした個人の趣味ブログであれば、違法行為がない限り「サイトを閉鎖します、ごめんなさい」で済むと思われますが、直接スポンサー広告を掲載するアフィリエイトサイトの場合は、それでは済まない場合があります。仮にサイトが炎上した場合、広告主にまで実害が及ぶ恐れがあるからです。

「このサイトは悪質な記事を掲載してアクセスを集め、○○社の商品をアフィリエイトして儲けていた」という悪評が広まった場合、広告主が損害を被ることも考えられます。

　驚かれる方も多いでしょうが、**景品表示法では、アフィリエイトサイト
の内容について広告主が主体的な責任を負っています。**一方で、当のア
フィリエイターやそれを仲介しているASPには法的責任がありません
（景表法に限った話であり、他の法律や道義的な責任はあります）。

　広告主のサイトへのリンク（バナー広告等）をクリックさせるた
めに行われる、アフィリエイターによるアフィリエイトサイト上の
表示に関しては、アフィリエイターはアフィリエイトプログラムの
対象となる商品・サービスを自ら供給する者ではないので、景品表
示法で定義される「表示」には該当せず、したがって、景品表示法上
の問題が生じることはない。

　（消費者庁通達「インターネット消費者取引に係る広告表示に関
する景品表示法上の問題点及び留意事項」の一部改定について　よ
り抜粋）

＊出典http://www.caa.go.jp/representation/pdf/120509premiums_1.pdf

　アフィリエイトサイトの内容に、アフィリエイターではなく広告主が責
任を負うのは不自然なように感じますが、広告を作って表示させているの
はあくまで広告主の主導によるもので、メディアはスペースを貸して広告
を載せているだけという解釈です。

　つまり、広告主にしてみれば、不誠実なアフィリエイトサイトに対して
「これはアフィリエイターが勝手に作ったサイトなので、ウチ（広告主）は
知りませんよ」という言い訳が通用しないということになります。

広告掲載されているサイトの内容にまで責任を負い、それを含めてアフィリエイターに販促活動を委託するのが、本来「アフィリエイト」と呼ばれる提携関係なのです。

広告主がアフィリエイターを選び始めた

　アフィリエイターと広告主の人間関係は希薄であることがほとんどですが、それには実は大きなリスクが潜んでいます。最近になってようやく広告主もそのことに気がつきはじめ、提携するアフィリエイターを厳選する動きが強まりつつあります。

　したがって、自サイトの信頼性をアピールできる材料が乏しいアフィリエイターは、今後は企業との提携が徐々に難しくなるかもしれません。

　これまでは、アフィリエイターが勝手に作っているサイトだからと放置されていたのですが、広告主は飛び火に神経質になっています。サイトは**適法な範囲で運営されているか、倫理的な問題がないか、炎上する危険性はないかといったリスク対策が強く求められるようになったわけです。**

　特に金融や医療など、各業法で厳しく縛られている「堅い」業界の広告主ほどリスク回避の意識が強く、大雑把なサイトでは提携申請が却下されるケースも増えています。

　サイトの品質はもちろんのこと、アフィリエイター自身の人間性まで含めて広告主からの信頼や安心を勝ち取れるような営業努力が、ますます求められることになるでしょう。

2-11

サイトの信頼性を
高めるための4ケ条

Chapter2

ビジネスクラスの記事を作るための
チェックリスト

　リテラシーのある利用者がサイトを見た場合、ほんの数秒でそのサイトの品質がだいたい分かってしまいます。

　書き出しや主張、着眼点や情報密度から感じ取れる全体的なサイトの信頼感は、小手先で記事を量産したサイトではなかなか作り上げることができません。内容の薄い量産記事で報酬を稼ぎ出すためには圧倒的にアクセス数を増やす必要があり、「Naverまとめ」や「Yahoo!知恵袋」のようにブランド化した大規模サイトでなければなかなか困難な道のりであると言えます。

　では、小規模なアフィリエイトサイトが信頼性を高め、利用者からの印象を損なわないようにするためには、何を考えれば良いのでしょうか？

　私が記事を作る場合、次の4点に着目しています。

> ① 取材で一次情報を集める
>
> ② 伝聞情報は裏取りを行う
>
> ③ 専門家に執筆や監修を依頼する
>
> ④ 校正業者を利用する

①取材で一次情報を集める

　他サイトのコピペやリライトで構成した「まとめ」ではない、情報源に直接取材して手に入れた一次情報は、何より強力な武器となります。情報の有用性そのものはもちろんのこと、本気でメディア運営に取り組んでいるという姿勢を利用者や広告主へ示すことができるのも、大きなメリットだと言えます。

　企業訪問だけでなく、知人にインタビューしたり、官公庁や業界団体にメールや電話で問い合わせたりするのも立派な取材活動です。「行ってみた」「やってみた」といったカジュアルな路線も有意義でしょう。

　オリジナルコンテンツが重要とは言え、必要な範囲で他サイトや書籍から「引用」することは情報の信憑性を高めるのに有効ですし、法的にも認められています。なお、引用する際には「①主従関係、②明瞭区分性、③必然性」といった法的な要件を満たすかどうか、確認を忘らないようにしてください。「引用」と書いて出典にリンクを貼りさえすれば何でもかんでも認められるわけではありませんので、注意が必要です。

②伝聞情報は裏取りを行う

　他サイトに掲載されている情報を元に記事を書く場合、その出典や情報源を必ず確認しましょう。都市伝説やインターネットミームとして、さも事実であるかのように広まっているデマも数多くあります。

　自分が一次情報として得たもの以外をよりどころに記事を書く時は、本当にそうなのか？と常にセルフチェックを行うようにします。

③専門家に執筆や監修を依頼する

　知識に自信がない場合や、情報収集に割く時間がない場合、その分野の専門家に執筆や監修を依頼することで間違いや漏れを防ぐことができます。

　具体的な依頼方法についてはChapter3で触れますが、自分以外の知識やリソースを上手に活用することで効率よくサイト制作を行いましょう。

④校正業者を利用する

　キュレーションサイトの騒動を受けて、最近急速に需要が高まったのでしょう。アフィリエイトサイトの内容が薬事法や景表法などに抵触していないか、目視で確認して代替案の提示までしてくれるリーガルチェックサービスが登場しています。ASPが窓口となっていますので、詳細は担

当者に尋ねてみてください。

　またWeb専門ではありませんが、書籍や広告の校正を請け負っている校正業者もあり、予算やレベルに応じたオーダーメイドでサイトのチェックを行ってくれます。こちらも頼れる存在です。

　事実関係の裏取りやリーガルチェックは費用対効果が目で見えないため軽視されがちですが、サイト運営のリスク回避策として極めて重要です。何か予想外の事態が起こる前に、アクセスが多いページやCVRが高いページだけでも外部の専門家の目を通すことでトラブルを予防できます。長期に渡り安定的に報酬を得るサイトを作るための必要経費と割り切ってください。

適正な費用を払ってこそビジネスは成長する

　この4ケ条を実践するにあたって、問題となるのがコストです。

　取材は時間と手間がかかりますし、企業が遠方の場合は交通費もかさみます。専門家や業者に依頼するには報酬や料金が必要ですから、これらを総合すると記事の制作単価は最低でも1万円を超えるでしょう。これは、マスメディアが運営しているニュースサイトの記事単価よりも高い水準です。また、机上のみで制作する「コタツ記事」に比べて更新ペースもかなり落ちることが予想されます。

　こうしたコストを嫌い、記事を安く速く大量に生産するノウハウや代行業者は巷に溢れかえっていますが、ビジネスクラスのアフィリエイターがそれに手を出すのは長い目で見て得策ではありません。

　あなたが重視すべきなのは、ビジネス資産であるアフィリエイトサイトを長期に運用して安定的に報酬を得ることと、そのサイトを武器にして自社の信頼につなげ、新たなビジネスチャンスを手に入れることです。PCにかじりついて記事をたくさん増やせば仕事をした気分になれますが、アクセスを集めて成約数を増やすのはあくまで短期的な業務であり、長期的な事業計画とはまた別のものです。

　適正なコストを払い客観的なチェックを受けて生み出されたコンテンツやサイトは、どんなリスクにも強く、高いオリジナリティとオーソリティを獲得できます。そうして作られたサイトが、あなたに長期的かつ安定的な報酬をもたらし、あなたの実力や信用を証明する武器になってくれますので、どうか大切に育ててください。

　コストをかけての記事制作はハードルが高く感じるかもしれませんが、このクオリティでの記事制作に慣れてしまうと、クラウドソーシングで量産されている「ペラ記事」は検索結果を汚染する悪玉菌にしか見えなくなります。
　サイト運用の初期においては赤字となる可能性が高いものの、アフィリエイトはもともと非常に利益率の高い業態です。あなたがすでに得ているアフィリエイト報酬の一部を回すだけでも、月に何本かの記事を制作する費用は賄えるはずです。長期的な資産形成のために、今から投資しておいて損はありません。

2-12

「コストをかけて記事を作ること」が目的ではない

Chapter2

事業として利益を出すことが目的

　ここまで時間をかけて、取材方法や記事の信頼性の高め方について解説してきましたが、それに固執するあまり、何のために記事を作るのかという本来の目的を忘れないようにしてください。

> 「利用者のためになる記事を作ろう」
>
> 「そのためにはオリジナルコンテンツが大事だ」
>
> 「取材や監修も必要だろう」
>
> 「時間も手間もかかるが必要なコストだと割り切ろう」

　こういった流れで精神論を説かれると、違和感なくスラスラと飲み込めてしまいますが、復唱しているうちに、ふと気づくとアフィリエイトサイトの大前提であるはずの「事業として成立するだけの利益を出す」というポイントが忘れ去られていることがあります。

ユーザーに尽くして親切にすることが、事業のゴールではありません。アフィリエイターは、サイト制作にかかった時間と労力に釣り合う報酬を得ることが必須なのです。

立派な記事を作ってサイトに掲載するのは、あくまで利用者を満足させ、ランディングページから購買行動へ進んでもらうためのきっかけに過ぎません。**重いコストをかけることと、利用者がサイトに利益をもたらすかどうかは別問題です。**

報酬を増やすためには競合サイトに勝つ必要があり、勝つためには利用者の満足度を上げる手段が求められます。その手段の1つとしてコストが必要であり、金額が適正と思われる場合は迷わず負担すべきですが、このコストは今のサイトに本当に必要なのか、手段と目的が逆転していないか客観的に見つめ直すことも重要です。

独力でサイト品質を高め続けるのは
限界が来る

Chapter2を通し、競合に対抗するためにサイトのコンテンツを強化する考え方は十分にお伝えしました。しかし現実問題として、アフィリエイターがひとりでこれらを全てこなすことは難しいはずです。

おこづかいレベルではなくビジネスクラスを目指すのであれば、効率的なサイト運営を目指していずれは外部の手を借りることが必要となります。次のChapter3では、失敗しにくいサイト外注化の方法について見ていきましょう。

毎月100万円以上の報酬を本気で狙う為の

【アフィリエイト】
上級バイブル

Chapter3

必須となる
「アフィリエイトサイトの外注化」を
成功させるために

3-1

なぜ、アフィリエイトサイトは外注化が必須なのか

Chapter3

広告媒体が乱立し、特長のないサイトは成果が出にくくなった

　アフィリエイトやアドネットワークを利用してWebサイトから収入を得るという仕組み自体は、すでに珍しいものではなくなりました。

　ブロガーやアフィリエイターに限らず、その高い利益率に目をつけた企業が比較サイトやキュレーションメディアに参入する例も相次ぎ、今では何か調べ物をするために検索エンジンを叩くと、結果欄に表示されるサイトのほとんどが広告媒体です。どのサイトもアフィリエイト広告を運用しているため、「アフィリエイター」という肩書はあまり意味をなさなくなっています。

　広告収入目当てのサイトが乱立して競争率が上がったことで、適当にネットで情報をつまんで「まとめ」と称した記事を書いているだけでは、あまり利用者の興味を引けなくなりました。どのサイトも**同じ情報源を頼りに言い回しを変えてリライトし、同じフリー素材サイトから抽象的なアイキャッチを拝借して貼り付けているだけ**ですから、得られる情報や

読み味はどれも似たり寄ったりです。

そのサイトならではのメリットや特長を意識して独自化の施策を打ち出さなければ、リピーターの確保やアフィリエイトのCV数で他サイトとの競争に打ち勝つことが難しくなってきたと言えるでしょう。

サイトの信頼感を演出し利用者の興味を引くために必要なのは、見た目の第一印象と記事の説得力、双方の品質を高めることです。しかし、それをアフィリエイター1人で両立させるためのリソースが不足する局面も考えられます。

そこで登場するのが、外注業者というわけです。

外注化することのメリットと
デメリット

既にご存知の方も多いと思いますが、一応おさらいとして、アフィリエイトサイトを外注化することで得られるメリットとデメリットを整理しておきます。

外注化の本質的な意義は、**「自分は好きなことや生産性の高い業務に集中して、逆に苦手な分野や非生産的な作業はお金を払って他人に押し付ける」**ことによる、効率化やストレスの低減にあります。

ですから、とにかく人間嫌いで他人と関わることに強いストレスを感じるというタイプの人は、無理に外注化しなくてもいいのではないかと思います。但しその場合は、あらゆる制作業務を自分だけでこなすことになりますので、各分野の知識を学ぶことに時間を割く覚悟を持ってください。

図 3-1-1　外注化のメリットとデメリット

3-2

何の業務を
外注化すべきなのか

Chapter3

アフィリエイトサイト制作の内訳

　アフィリエイトサイトを外注化しようと考えた時、何の業務を外注化すべきか、またはどこまで外注化できるのかで迷うこともあります。

　小規模なアフィリエイトサイトの制作と編集をチームで行うと考えた場合、以下のような役割分担が考えられます。

- ・プロジェクトマネージャー：サイト全体を統括し監督する
- ・ディレクター：制作進行の実務全般を取り仕切る
- ・デザイナー：サイトのUIやレイアウト、雰囲気をデザインする
- ・コーダー：htmlやcss、PHPなどの言語を使ってサイトを制作する
- ・マーケッター：市場分析や広告運用を行う
- ・SEO担当者：検索エンジンやユーザーに評価される工夫を行う
- ・SNS担当者：サイトの公式SNSを運用し利用者と交流する
- ・ライター：記事の執筆を行う
- ・イラストレーター：サイトや記事に載せるキャラクターやカット

イラストを描く
・編集者：コンテンツの企画や編集を行う
・動画担当者：サイト内に載せる動画の撮影や編集、管理を行う
・校正：コンテンツに不備がないか確認する
・監修：内容の正誤を専門的見地から確認する、取材を受けてネタ
　を提供する

　実際には、これらを数名で兼務している場合がほとんどで、特に駆け出しのアフィリエイターであれば上記すべてを1名で担当しているのが普通です。しかし、**それぞれに独立したプロがいるような職務を、全て自分だけで賄うのは困難**だと言えます。

　アフィリエイトは、ネットでちょいちょいと稼げるような気楽な仕事ではなく、非常に広範な知識や能力を求められる仕事だと、改めて感じていただけるのではないでしょうか。

図 3-2-1　アフィリエイターの業務

外注に出すべき業務は何か

外注に出すべきなのは、主に次の2つの業務です。

> ・自分ではできない、または著しく効率が悪い業務
>
> ・誰がやっても結果が大きく変わらない業務

・自分ではできない、または著しく効率が悪い業務

例えば、素人がこれからプログラミングを学んで高度な技術を習得するのはコストパフォーマンスが悪く、できる人にお願いしたほうが早いですし、安上がりです。また、イラストやデザインなど高度な専門技能や長い経験を要するものは、割り切って外注化したほうが良いでしょう。

経費を使って他人を上手に活用するのも、事業主として大切な技能なのです。

・誰がやっても結果に大きな差がない業務

記事の執筆は自分でやると決めていたとしても、インタビュー録音の文字起こし、ベタ打ち原稿を綺麗に整形して投稿するといった作業は、あなた自身でなくてもできます。誰がやってもあまり変わらない工程は人に任せ、自分は自分にしかできない企画や営業に注力する方が有意義です。

いずれのケースでも、的確な指示を出す上で、相手の仕事の内容をある程度は理解しておく必要がありますので、一度は自力で取り組んでみることを強くお勧めします。自力作業が未経験のままだと、委託する業務の工

数や所要時間、負荷がわからないでしょう。また、どのくらいの料金が適正なのか判断することが難しく、不当な水増し請求が来ても気づかないかもしれません。

　逆に、極端に安すぎる場合も注意が必要です。フリーランサーが品質を担保しながらコストを大幅に下げることは難しく、安いからには何らかの不足や手抜きがあると考えられます。そうした不自然に安く怪しい料金を見抜くためにも、あなた自身が業務の負荷を感覚的に理解しておくと良いでしょう。

図 3-2-2　基本的な分業

最終的には全て
外注で自動化することも可能？

極論を言えば、サイト制作の業務は最初から最後まで全て外注化することが可能です。

しかし品質向上のノウハウや、サイトのコアコンピタンスまでを外部の他人に任せることには相応のリスクもありますので、経営方針やビジョンに照らしてよく考えるべきでしょう。

実力がついた外注業者がノウハウを持ってごっそり離脱し競合に回った場合、自分が窮地に陥ることも十分予想されます。それを防ぐためには、主戦力を正社員として厚遇で迎えるなり、本当に重要な部分は最後まで自分の手で作るなりといった対策も必要です。

現実的には、アフィリエイトサイトは自分が編集長として統括し、外部のデザイナーやライターに助けてもらいつつ、あくまで自分が手を動かして制作するケースが多いのではないかと思います。

アフィリエイトサイトの編集部を作る

Chapter3

個人のアフィリエイターは 1人で編集部を回している

　雑誌のような紙メディアでも、ニュースサイトのようなWebメディアでも、記事は編集部で作られています。編集長の下に編集者がいて、企画を立ててライターを手配し、できた原稿を元にデザイナーにレイアウトの指示を出しながら実際の誌面を作り上げていくわけです。

　個人のアフィリエイターの場合、この編集部の業務を1人で行っています。サイト設立にはじまって企画や執筆、レイアウト、記事の公開や修正まで自分で担当しているわけですから、編集長兼ライター兼デザイナーであると言えるのではないでしょうか。

　よく「自分は文章を書くのが好きだからブログ運営に向いていると思います」と言ってマネタイズのご相談に見えられる方がいらっしゃいますが、上手な文章が書けるだけで成功できるほど、アフィリエイトは単純なビジネスではありません。1人で事業を収益化するためには、様々な知見や能力が必要とされます。

外注業者をまじえた編集部の例

　複数サイトの制作運営を1人で行うことには、相応の負担がかかります。それならば、外注業者を採用して編集部の役割を分担してしまえば良いわけです。

　しかし、全ての業務をそれぞれの専門家に任せることは、予算的にも管理的にも難しいのが実情で、アフィリエイター自身はもちろんのこと、外注業者にも複数の役割を兼務してもらうのが一般的でしょう。

　外注業者を活用した小規模なアフィリエイトサイト編集部の例は、次のような形です。

・アフィリエイター

予算や進行の管理・企画

記事の執筆・編集

・外部ライター

記事の執筆

録音データの文字起こし

　サイトのデザインや使用する画像素材は既製品やセミオーダーで購入し、社内に人員を抱えることはしません。

ライターはアルバイトレベルを若干名採用し、指導や監督を行います。ブログの管理権限は自分だけが持ち、ライターはあくまで原稿をテキスト＋αで入稿するのみです。

この体制に慣れてきたら、デザイナーやイラストレーターを採用したり、記事の監修として専門家をつけたりして、よりクオリティアップしたサイトを作っていきます。

サイトに求める規模感や予算、アフィリエイター自身がどの程度のスキルを有しているかといった条件にもよりますが、「企画や管理、集客に関する施策は自分でやり、高度な技能を要する作業は専門職に任せ、コンテンツには客観的なチェックを入れる」のが、編集部の基本的な体制と考えてください。

図 3-3-1　分業で専門家の引き出しを活用する

企画・営業
編集・校正
マーケティング
予算や人員の管理

イラスト
サイト装飾素材
キャラクター

アフィリエイター

イラストレーター

記事制作
写真・画像
取材・録音起こし

記事のネタ提供
公開前の確認

ライター

監修の専門家

更に大規模な外注化も！

　更に予算規模が大きくなると、Webエージェンシーや制作会社に委託してサイトそのものを一から開発し、完全オリジナルのサイトを作ることも可能です。また、ディレクターを雇用し編集長の肩書を与え、多数のライターやデザイナーの管理を任せてサイトを複数展開することも視野に入ります。

　こうなると、アフィリエイトサイトと言うよりも「本格的なメディア事業者」の域になってきますが、その垣根が崩れつつあるのが昨今のアフィリエイト業界です。個人ブログのような**サイトを更新してバナー広告を貼るのがアフィリエイトビジネスであるという固定観念は、早いうちに捨ててしまった方が良いでしょう。**

外注化する上で準備しておくもの

　採用した業者に対して場当たり的に個別指示を行っていると、細かい質問が飛んでくるたびに自分が手を止めて対応しなければならず、せっかく外注化したのにかえって効率が下がることにもなりかねません。

　ですから、編集部の全員で理解を共有しておくべき内容は資料として明文化し、業務に取り掛かる前に必ず読み合わせを行います。
　特に、昨今は広告主のコンプライアンス意識が高まっており、運営体制

が怪しいサイトへの出稿を手控える意向が強くなっています。「これくら
い言わなくても、常識でわかっているだろう」と油断せず、自分自身も復
習するつもりでマニュアルを作成して配りましょう。

◆最低限、準備しておくべきものは？

・メディアの方針や価値基準の明文化

・納品物の仕様や見本

・制作プロセスや命令系統、責任範囲の明確化

・コンプライアンスの基礎資料

・FAQ

それぞれの専門家の採用方法

　自分のサイトに必要な外注業者のイメージがわいたところで、主な外注
先の探し方についてポイントを紹介します。

・ライター

　ライターはクラウドソーシングで探すことができますが、1記事数百円
の仕事を請け負っているような人は期待できる文章レベルや職業意識が
非常に低く、結局全て自分が手を入れることになります。

　期日を平気で破ったり音信不通になったりする危険性も高いので、安い
単価で素人を募集することはできるだけ避けましょう。マスメディアでの
業務経験がありプロ意識を持っているライターを採用する方が、結果的に
低コストで安全性が高いと思われます。

　紙の雑誌で書いているフリーライターは、1ページあたり1～2万円の原
稿料であることが多いので、それと比べて極端に見劣りしない報酬条件を
用意すれば話は聞いてくれるでしょう。都市部であればライター向けのイ

ベントや勉強会が数多く開かれていますので、そういった場に参加してコネクションを作るのも有効な手です。

　また、**ブロガーも有力なライター候補**になります。アフィリエイターと比べ、ブロガーは記事を書くのは好きですがマネタイズは苦手な傾向があり、PV数は多いのに収益があまり増えず悶々としていることがあります。

　アドネットワークやAmazonアソシエイトが主体のブロガーの場合、月10万PVのブログを毎日更新しても広告報酬が数万円で止まっていることも珍しくありませんので、1〜2日で書ける記事1本につき1万円程度の報酬を約束すれば十分に喜んでくれます。

図3-4-1　ブロガーは有力なライター候補

　ブロガーは文章力やSEOの知識に長けており、基礎から教える手間がありません。ブログを見れば力量が一目瞭然ですし、自分の文章にプライドを持っているため、自発的に文章術を研究して向上を続けています。アルバイトライターの文章力を鍛えるのに大変な苦労を伴うことを考えると、ブロガーはライター候補として非常に魅力的なのです。

　もし、本書を読んでいる方でマネタイズに悩んでいるブロガーさんがい
たら、アフィリエイターにライターとして自分を売り込むのも手です。原
稿料では大儲けとは行きませんが、ある程度の収入は立ちますし、広告運
用を考えず記事だけに集中できますので、タスクがシンプルになります。
経験を積みながらアフィリエイトのノウハウを学ぶこともできるでしょう。

・モニター

　商品のレビューをしてもらうモニターを探す時に最も簡単なのは、家族
や友人に頼むことです。

　それ以外によくある方法としては、友達が多い女の子や主婦に紹介料を
払って定期的に候補者を連れてきてもらう手があります。紹介報酬を後払
い（モニターとしてレポートを納品した後）にすることで、勝手に辞めな
いよう紹介者が後押ししてくれます。

図 3-4-2　紹介を依頼しよう

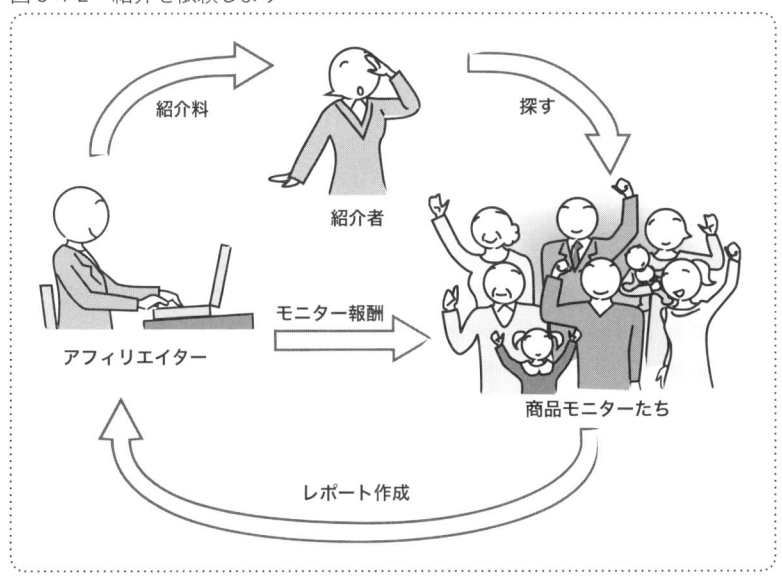

・Webディレクター

　サイトの制作そのものを任せるような案件では、ディレクターを採用するケースも出てきますが、こちらが発注に不慣れでサイトの要件定義すら満足にできない状態であれば、素直にWeb制作会社を訪ねるのが近道です。アフィリエイトサイトの制作実績を多く公開している会社に、お願いすれば良いでしょう。

　もし、サイトの設計図が書けて細かい仕様まで発注できるような知識と、フリーランサーをうまく扱える技量があるなら、クラウドソーシングでフリーのディレクターやデザイナーを採用する方法もあります。

　但し、アフィリエイトサイトに精通した人を選ばないと、単に見栄えの良いだけの自己満足サイトが出来てしまい、成果につながらないこともあります。ですから、必ず経験や理解度をヒアリングしてください。

・イラストレーター

　イラストレーターは、発注側が作業工程やコストを理解していないことが多く、とんでもない条件で打診して顰蹙を買うケースが目立つ職種です。イラスト投稿サイトやブログ、SNSなどで仕事を受け付けているフリーのイラストレーターも多いのですが、彼らに直接発注する際は考えなければならないことが多々あります。

　もし、こういった取り決めに自信がなかったり面倒だと感じたりするならば、フリーランスの方に直接依頼せず、窓口の営業担当者がいるイラスト制作業者を頼りましょう。

図 3-4-3　イラストレーターへの発注

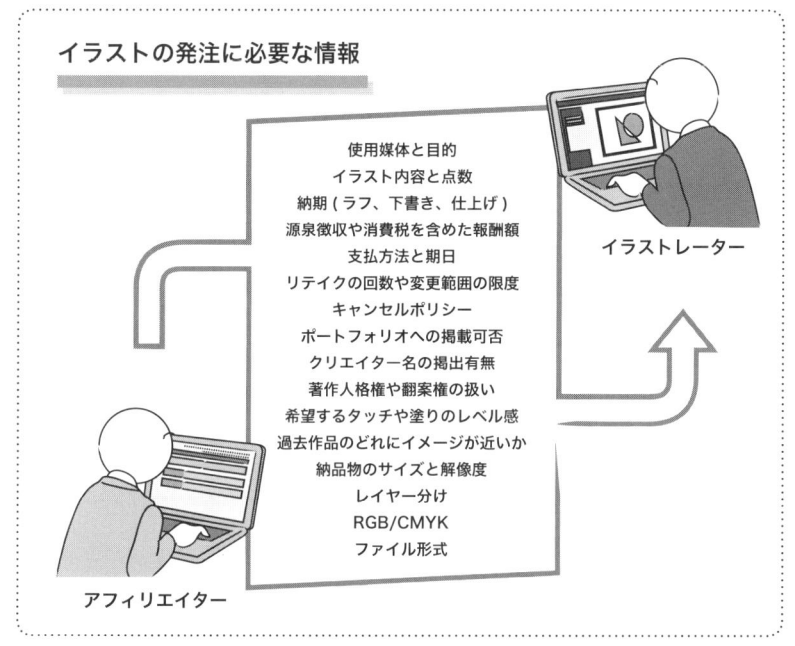

イラストの発注に必要な情報

使用媒体と目的
イラスト内容と点数
納期 (ラフ、下書き、仕上げ)
源泉徴収や消費税を含めた報酬額
支払方法と期日
リテイクの回数や変更範囲の限度
キャンセルポリシー
ポートフォリオへの掲載可否
クリエイター名の掲出有無
著作人格権や翻案権の扱い
希望するタッチや塗りのレベル感
過去作品のどれにイメージが近いか
納品物のサイズと解像度
レイヤー分け
RGB/CMYK
ファイル形式

イラストレーター

アフィリエイター

・監修（各分野の専門家）

　フリーランスとして活動している研究家や業界ジャーナリスト、事務所を構えて街で開業している士業者、ブログやSNSでの情報発信が好きな自営業者などが、主な声掛けの対象となります。

　編集部における主な役割は2つで、話題や切り口の提供と、記事のプレビューチェックです。

　少し探せば、そういった専門家が登録しているサイトがいくつも見つかります。問い合わせをして企画書を送り、Webサイトの記事監修を依頼できないか交渉してみましょう。常識的なビジネスマナーを守って連絡すれば、とりあえず話は聞いてもらえることがほとんどです。

インターネットに限らず、色々な出会いを探す

人材獲得は企業間の競争であり、多くの社長が「誰かいい人いない？」と行く先々で聞いて回っています。それだけ、人材の発掘には苦労が伴うものなのです。

インターネットだけに情報源を頼っていると、視野が狭まって行き詰まることもあります。普段の生活の場や、逆に普段あまり足を踏み入れないような場所で出会いを探してみると、思いがけないところで良縁に恵まれるかもしれません。

◆日常生活や仕事の延長上に、出会いのチャンスがある！

- ・地域の商工会議所の会員
- ・アフィリエイト以外のセミナーや勉強会
- ・コワーキングスペースやシェアオフィスの会員
- ・スポーツや趣味のサークル仲間
- ・行きつけの店の顔なじみ
- ・ビジネス本の著者講演会

日常生活や仕事の延長上に、こうしたチャンスは無数に転がっています。常日頃、「この人と組んで新しい仕事ができないか？」と考えて布石を打つようにすると、いざという時に助けになるでしょう。

3-5
外注ライターの
業務委託の流れ
Chapter3

業務委託の流れ

　様々な業務を外注することが可能ではあるものの、アフィリエイターに
とって「外注化」と言えば、多くの場合「ライターの採用」と同義です。

　そのため、本書の解説では代表例としてクラウドソーシングでライター
を募集するケースを想定し、採用や育成の流れを説明しています。

◆クラウドソーシングを使ったライター採用の流れ

　①募集文掲載

　②書類選考

　③面談・電話

　④契約書郵送

　⑤業務開始

　⑥支払い

　⑦相互フィードバック

①募集文掲載

クラウドソーシングのサイトへ案件を載せましょう（この章の後ろのページに募集文の実例があります）。

②書類選考

スキルや経験も大切ですが、連絡の仕方や募集要項の熟読といった業務以前の常識を守れない人も大勢応募してきます。ここでしっかりふるい落としましょう。

③面談・電話

業務委託に際して特に重要な内容（契約期間や納期、報酬支払の方法、責任の所在、禁止事項など）は、必ず読み合わせて確認をします。後から聞いていないと言われないよう、念書を交わすと良いでしょう。

④契約書郵送

単発の依頼や金額が小さい場合は、省略する場合もあります。内容は、一般的な業務委託契約書で構いません。テンプレートはネットで検索すれば簡単に手に入りますので、それを適宜修正して用いると良いでしょう。何度も使いまわすような場合は、最初に弁護士など法律の専門家に見せてチェックしてもらうのが良いと思います。

⑤業務開始

　相手に丸投げせず最初の打ち合わせをしっかり行い、マニュアルや納品見本を用意しておくと、細かい質問や二度手間が減らせてスムーズに進みます。

⑥支払い

　クラウドソーシングではエスクローサービスが利用できるため、請求書の発行や送金の管理が比較的簡単で、あまり悩むことはありません。よく質問される源泉徴収については、この章の後ろのページで解説します。

⑦相互フィードバック

　案件が終了したなら、業務品質や態度についてお互いにフィードバックを行います。長所や改善点を相手に伝えるのはもちろんのこと、こちらの指示は分かりやすかったか、作業時間や労力と報酬は釣り合っていたかといった感想を集め、次回以降の案件に活かしてください。

問題のある人を避けるノウハウ

　応募者のレベルは千差万別であり、中には人間性に問題があるような人が混じっていることもあります。そういった相手を避けるためのコツをいくつかお教えしますので、募集時に取り入れてみてください。

・応募要項を複雑にして理解力を見る

　私が過去にライターを募集した事例ですが、募集文にサンプルテキストをつけ、「このテキストに相応しいアイキャッチ画像を2点選び、zipにまとめて添付してください。商用利用できるフリー素材か自作イラストに限ります」というテストを課したことがあります。その結果、上記の指示を守った応募は全体の約40%しかありませんでした。これが、クラウドソーシングの現実です。

　もちろん、クラウドソーシングでも立派なライターは大勢いるので安易に一括りにはできないのですが、そういう人だけを都合よく選ぶことはなかなか難しく、こちらが好条件を提示すると玉石入り混じって応募が殺到し選考の負担が重くなります。

　それを避けるために、募集時には氏名や連絡先といった単純な情報だけでなく、少し複雑な手順を踏ませることで応募者の理解力や注意力を探るようにしましょう。これにより応募者の大半をふるい落とすことができれば、選考の負担が少し軽くなります。

図 3-5-1　指示を守れない人は多い

募集要項をちゃんと読んでくれている人が
思った以上に少ない …

・面談するか電話で話してみる

　長期に渡る案件を依頼する場合や、予算をかけて重要な仕事を任せたい場合は面談してみましょう。遠方の場合はビデオ通話か、せめて電話などで文字以外のやり取りもしてみるべきです。

　また、初対面なのに約束に大幅に遅刻したり、あまりにも服装が汚かったりと社会性に問題がありそうな場合も不採用にすべきです。経験上、高いレベルで仕事ができるライターはビジネスマナーに長けており、自由業を言い訳にしたルーズな人は見たことがありません。

時間やマナーにルーズな人は、仕事の内容にもルーズである恐れがあります。わざわざこちらが冒険する必要はないでしょう。

・契約書の郵送や身分証の提出を条件にして募集する

募集時に、契約書を自宅宛に郵送することや、身分証のコピーを提出してもらう旨を記載します。

しかし、これを実行すると個人情報保護の観点から面倒が増えるため、実際には提出を求めなくても大丈夫です。「契約書の郵送や身分証の提出をしても良い」という承諾さえ得られれば、その時点である程度のフィルターになります。

仕事として責任を負い金銭のやり取りをするという場面で、名前や連絡先を明かしたくない、印鑑をつきたくないと渋る相手を信用しろと言われても困難ですよね。

・トライアル契約で軽い案件を一度やってもらう

論より証拠、案ずるより産むが易し、ということで、とりあえず人数を多めに採用して試しに軽い作業をやってもらい、技能や人間性に問題がない人だけ本採用に進むのもよく使われるやり方です。

技能や人間性に問題があれば1回で打ち切り、ぜひ継続して欲しい人がいれば誠意を持って交渉しましょう。

3-6
報酬額の
決め方
Chapter3

適正な報酬の「相場」
＝それで生活できる金額

外注業者に依頼する時の料金は、いくらが適正なのか。

外注化に不慣れな方から、非常に多くいただく質問の1つです。

決まった正解はないのですが、シンプルに考えてください。

フリーランスの外注業者が、あなたの仕事で家族を養うことができるでしょうか？

この基準を軸にして考えれば、金銭面で相場を外すことはありません。

　例えば、東京に住んでいるフリーのWebデザイナーが、専業主婦の奥さんと小学生の長男を養っているとします。彼が月に稼がなければならない金額は、いくらくらいだと思いますか？

　一家の大黒柱として、少なくとも月30万円は売上が必要でしょう。体調不良や閑散期への備え、また子育てや住宅取得費用も視野に入れると、月50万円は欲しいかもしれません。

　月50万円の売上目標に対し営業日が20日間だとすると、1日あたり必

要な売上は2.5万円です。丸1日で2.5万円以上の報酬がもらえる条件でなければ、このデザイナーは難色を示すと考えられます。

　あなたがサイト制作をWebデザイナーに依頼する場合、相手がどれくらいの売上を必要としているかという推測と、その仕事によってどれだけの時間拘束するかが、最初に提示する報酬額の根拠となるわけです。

　発注予算の制約が厳しい場合は先に金額を提示し、その予算でどこまでの量やレベルの仕事を依頼できるか問い合わせるとよいでしょう。

不正な請求を見抜くには

　それらを踏まえて、作業工程にどれくらいの時間を要するのか見積もりを取るわけですが、水増し請求を見抜くためには、相見積もりやセカンドオピニオンを取ることを勧めます。

　相見積もりは、業者間で値引き合戦をさせることが目的ではなく、どの工程にどれだけの時間やコストがかかるのかを複数の視点からすり合わせることで、それが適正な範囲なのかを確認し、安心して契約するためのものです。

値切るのはお勧めしない

　契約の際、技術料を値切ることはあまりお勧めしません。「その人にそれだけの価値を認めていない」という意思表示となりますから、相手は決し

て良い感情を持ちませんし、値引きして減った分の売上は他の仕事を増やして補填する必要が生じ、あなたの仕事が手抜きになる恐れがあります。

ちなみに、私は企業LPのセールスライティングも請け負いますが、値切ろうとする会社の仕事は一切引き受けません。私の価値を理解してくれない会社を相手に、誠実な仕事ができるとは思えないからです。また、ケチなクライアントは後から契約になかった要望をあれこれ追加してくることも多いので、そういったリスクを避ける意味もあります。

図 3-6-1　値切ると自分に跳ね返ってくる

もし、この感覚が腑に落ちないのであれば、一度あなた自身が外注業者として依頼を受けてみると良いでしょう。正当な根拠なしに値切るクライアントなんてとんでもないと、強く忌避するようになるはずです。

即戦力を求めすぎない

　外注先を探す時に念頭に置いて欲しいのは、「即戦力は期待できない」ということです。

　理由は簡単で、**本当に即戦力の人材は仕事に困っていないからです。**時間が余っていて今すぐ仕事ができますというアピールをしている場合、他の発注者からの依頼が来ていないという意味になります。キャリアのあるフリーランサーが暇をしている原因は、能力が低く役に立たないか、人格に難があって干されたかのどちらかです。

　昔から「仕事は忙しい人に頼め」と言います。常連客から頻繁に依頼が来て忙しいというのは、その人が高く評価されていて信用に値する何よりの証明なのです。いくら単価が安上がりでも、暇をしている人は避けたほうが無難と言えます。

　もし、あなたが仕事を請ける側に立つ機会があるなら、「暇だから仕事をください」と宣伝して回るのは控えたほうがいいでしょう。

図 3-7-1　暇をアピールしてはいけない

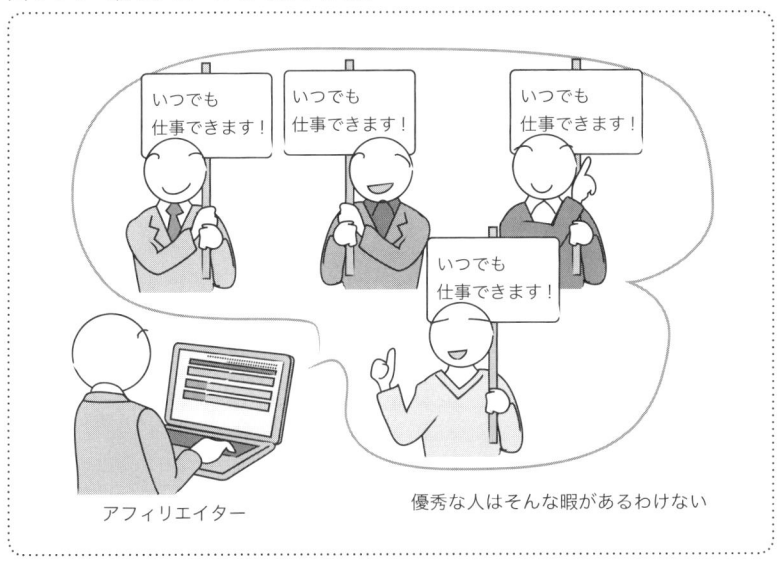

とは言え、信用に欠け社会的ステータスの低いアフィリエイターの依頼を、売れっ子が請けてくれることはまず期待できませんので、実際には素人か、良くて中堅どころの人材を採用することになります。

素人はテンプレートを
押し付けて育てる

　本来は、業務経験が豊富で意思の疎通が簡単なプロのライターを採用できればいいのですが、予算やコネクションがないが故に、素人をなんとかして戦力に育てる必要性に迫られることが実際は多いでしょう。

　この場合、品質の期待値としては、70点を目安にします。根本的なリテ

イクは必要なく、細かい修正1〜2回で納品してもらえて、原稿の7割程度をそのまま流用できるという感覚です。もちろん、期限や仕様といった業務上の指示は守れていることが前提となります。

　採用したライターが20点〜30点の実力しかない場合は、その人の文章力がどうこうというよりも、そもそも商業ライティングの方法を教わったことがないのが原因と思われます。もしその推測が正しいならば、20点ライターを70点ライターに育てるのは比較的簡単です。

　具体的には、テンプレートに沿って反復作業をしてもらい、規格化した記事の書き方を身に着けてもらいます。使うのは「記事制作の準備シート」です。

記事制作の準備シートとは

　図3-7-2のようなテンプレートを渡し、本文を書く前に埋めてもらいます。

図 3-7-2　記事制作の準備シート

掲載メディアと目的	どのサイトに、どんな目的で載せる記事ですか？
題材	何について書きますか？
読者の属性	読者はどんな欲求や悩みを持っている人ですか？または何を探している人ですか？
記事の結論	読者に対してあなたが伝えたい回答や主張はなんですか？

記事の目的	記事を読んだ読者にどんなアクションを起こしてもらうのが目的ですか？
記事の要素	読者に伝えたい情報を箇条書きで並べてください
記事の仮タイトル	この記事にどんなタイトルをつけますか？
情報源	記事を書く上で参考・引用するサイトや書籍がある場合は教えてください（SNSやまとめブログ、運営者が不明なサイトは不可）

ライターが全く書けないのは、記事に必要な要素を順序立てて考えさせず、白紙にいきなり自由に書かせていることが原因です。アフィリエイターが記事の制作プロセスに沿った質問を与えることで、ライターは自力で目的地へたどり着くことができるようになります。

執筆に慣れてリテイクが減ってくるまでは、毎回テンプレートを埋めて記事の骨組みを考えてから原稿に取り掛かってもらいましょう。これを反復して制作プロセスを体に染み込ませることができれば、自然とリテイクは減って行きます。

そして70点の力量に育ったら、メモ書き程度から原稿に取り掛かっても大丈夫です。

意外と忘れがちなのが、シートの最初に例示した「掲載メディアと目的」の欄で、外注ライターは自分の原稿がどのサイトに何の目的で掲載されるのかを知らずに書かされている例が多く見られます。どのような形で編集され掲載に至るのかという最終的なイメージを与えなければ、ライターは自分で考えて工夫することができず、齟齬が生じるのは当然です。

ライターの質が低いと感じるのは、大抵自分の側が的確に指示を出せていないためです。外注業者の質は自分を写す鏡と考え、彼らが最大のパフォーマンスを発揮できるようお膳立てを整えることが必要でしょう。

　なお、70点から80点、90点を目指すためには、相当なインプットとアウトプットが必要になりますので、育てようとする時間や労力に比して効率がよくありません。まして、100点の文章を目指すのは趣味の領域であり、外注業者に求めるのは無謀です。

　ライターはあなたの分身ではありませんので、70点をコンスタントに納品してくれるラインを目指しましょう。

図 3-7-3　スキルと経験値のバランスは？

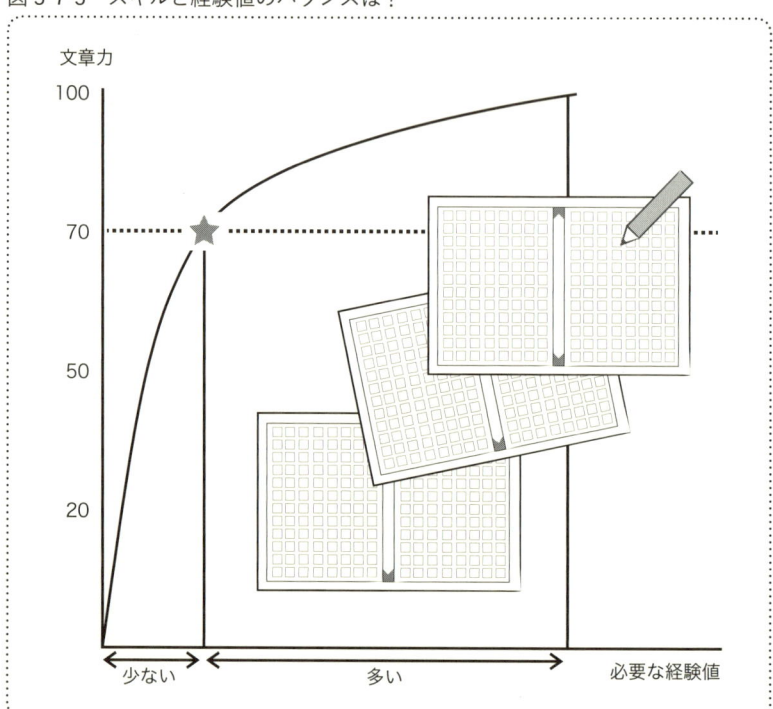

3-8
外注業者に仕事を任せる時の
ルール
Chapter3

良い人材を採用してからが本番

　ここまで外注業者を採用するまでの流れについて見てきましたが、無事
採用できたらそれで終わりではありません。実際に業務がスタートしてか
らが本番です。

　上手に権限委譲して仕事を任せることができないと、せっかく依頼した
外注業者がうまくスキルを発揮できず、コストの無駄に終わることもあり
ます。だからここでは、上手な仕事の任せ方について考えてみたいと思い
ます。

上手な仕事の任せ方とは

　外注業者を入れての制作作業でやってはいけないミスには、2つのパ
ターンがあります。

・ミス① 指示が漠然としている

1つは楽観的な放任主義者にありがちなパターンで、漠然とした指示を出して外注業者に「考える時間」を使わせた挙句、何度もリテイクを繰り返すことです。

外注業者は基本的に流れ者であり、あなたやあなたのサイトのことを深く知っているわけではありません。「ユーザー目線で」「ボリューム多めで」「なるはやで」といった漠然な指示を出す発注者は、実はかなり多いのですが、これは仕事をする側にとって強いストレスになります。

指示が曖昧な場合、外注業者は自分なりに良いと思う方法を考えて動きます。「多め」とはどれくらいなのか、「なるはや」とはいつまでなのか、自分の尺度で考えるわけです。それが発注者の意図と合致していれば良いのですが、残念ながらそうでない場合が多く、蓋を開けてみたら根本的に誤解していて使い物にならないこともあります。

それを防ぐためには、見本やマニュアルで具体例を示し、言葉ではなく現物で示すこと。また数字で示せるものは明確に数字にするなどして、**人によって解釈が分かれる余地を削ってなくすこと**が有効です。

◆抽象的な表現は使わない！

×ボリューム多め
○記事は5000字〜6000字

×なるはやで
○5月17日（金）の11:00まで

　リテイクを減らすために、発注者の意図を上手に聞き出すのも優れたフリーランサーに必要な技能ではありますが、こちらもできるだけ歩み寄り、時間を有効に活用しましょう。

図 3-8-1　漠然とした指示では手が止まる

・ミス②　自分の分身を作ろうとする

　もう1つのミスは、逆に過保護で神経質な人に多く、あれこれ丁寧に細かく指示を出しすぎて自分の手を止めてしまうことです。

　リソースを確保して自分の業務に専念するために外注化をしているのに、結局つきっきりで自分が家庭教師をやってしまっては本末転倒です。なまじ能力が高く自信を持っている人ほど、外注業者に「自分の分身とし

て働くこと」を求める傾向があり、箸の上げ下ろしまで自分流に従わせなければ気が済まず、相手にうまく任せることができません。

　この場合、外注業者には「**価値判断の基準**」だけをしっかり伝えるようにします。作業をしていて迷った時、その基準に照らしてルールを守れば、後の細かい事は大目に見るというスタンスです。

◆判断基準の例

- 当サイトでは情報の正確さを最も重視するので、絶対に間違いがないように官公庁のサイトで確認をし、出典が明らかなものだけを載せてください。

- カジュアルな記事を大量更新する際にアイキャッチとして使うイラストなので、詳細なデッサンや厚い塗りは必要ありません。サムネイルを並べた中でも目立つような、飛び出す勢いのある構図を最も重視します。

- 大画面のスマートフォンからアクセスした際に読み込みが軽く、大きなボタンでミスなくページ遷移できるデザインが最優先です。

　目的のために何を優先し、逆に何は妥協するのか。価値基準や優先順位を示してあげることで外注業者が持つ引き出しを活用でき、より良い物を作るための工夫や提案をしてもらいやすくなるのです。

自分の業務品質への
フィードバックをもらう

案件が無事終了したら、外注業者から自分に対してのフィードバックを
もらうようにします。

◆外注業者にしてもらうフィードバックの例

- ・業務マニュアルで分かりにくい点はあるか
- ・最初よく分からなかった点はどこか
- ・他に便利な連絡用ツールを知っているか
- ・納期は適切だったか
- ・報酬や待遇に満足しているか
- ・また別案件がある時に声をかけてもよいか

アフィリエイターがこういった評価をしてもらう機会は、めったにあり
ません。会社員であれば上司や先輩が見守ってくれていますが、私たちは
全て自力で改善していかなければなりませんので、チャンスを逃さずに意
見を吸い上げましょう。キャリアのある外注業者が褒めてくれるようにな
れば、一人前です。

外注業者に「次回もこの仕事を受けたい！」と思ってもらえれば、継続
的に仕事を発注できる可能性が高まります。新規採用のコストを減らす上
で、優良な外注先との信頼関係を大切にしてください。

最初に自分が外注業者として
働いてみる

　外注化した時の制作プロセスや指示の出し方がまったく分からない場合は、まず自分が外注業者として依頼を請け負うと良いでしょう。外注業者として働いた経験がない場合、募集のやり取りから打ち合わせ、制作進行、検収、支払いまですべて手探りとなりますので、マニュアル作成やリテイク指示すらおぼつきません。

　よって、**いくつか軽い案件を請け負ってみてノウハウを体得するのが、最も手っ取り早い学習方法です。**

　この時、ノウハウを獲得するのと同時に、不満に感じたことを記録しておけば、自社案件でそれを改善することが可能になります。良いと思った点は取り入れ、悪いと感じた部分は修正して自社の募集に活かしましょう。

図 3-8-2　外注業者として働くことで得られるものは多い

3-9
よくある外注化のトラブルと対策
Chapter3

外注化にはトラブルがつきもの

　サイト制作業務を外注に出していると、様々なトラブルに見舞われることもあります。ここでは、よくあるトラブルと対策について学んでいきましょう。

パターン1：
外注業者がこちらの意図を理解してくれなかった

　関係の浅い外注業者へ抽象的な指示を出すと、ほぼ確実に意図と大きく異なるものが納品されてきます。これを外注業者のせいにして文句を言っているうちは永久に解決できませんので、意図が伝わらないのは全て自分に原因があると考えて対処していきましょう。

冷たいようですが、外注業者は基本的に「言われたことをやるだけ」の一時的なヘルパーであり、サイトの成果を増やすために頭を使ってあれこれ考えるのは業務の範疇ではありません。言い換えれば、**発注者であるアフィリエイターは、外注業者が悩まず淡々と手だけ動かせるようにするためのお膳立てが仕事**ということになります。

　その際、相手の仕事内容が飲み込めていないと必要な情報が分からず、的確な指示が出せません。例えばライターに発注する際、納品物の仕様（文字数や文体、見出しや題名のルール、画像の入れ方など）について曖昧にしていると、二度手間やトラブルが発生します。

　クラウドソーシングでアフィリエイターとフリーの外注業者が直接やり取りする際は、間に入って双方の都合を折衝してくれる営業マンがいないため、アフィリエイターが相手の業務を理解していなければ上手に発注できません。また相手もアフィリエイトサイトの事情を理解していなければ、役に立たないヘンテコなものが作られてしまいます。

　クラウドソーシングを活用するのは、実はそれなりにハードルが高いのです。

　自信がない場合は、いきなりフリーランスの業者へ依頼するのを避け、最初は営業担当者がいる法人の代行業者を使うのが良いでしょう。料金は高くなりますが、素人の発注者に対するヒアリングは慣れているため、こちらのニーズを聞き取ってミスマッチのないよう調整してくれるはずです。

　そこで発注やリテイクのプロセス、料金相場、どんな情報を求められているのかを学び取り、要領がつかめたと思ったら、次からフリーランサーと直接交渉すれば良いのです。もちろん、予算が許すならばそのまま代行業者を使うこともできます。

図 3-9-1 　制作代行業者とクラウドソーシング

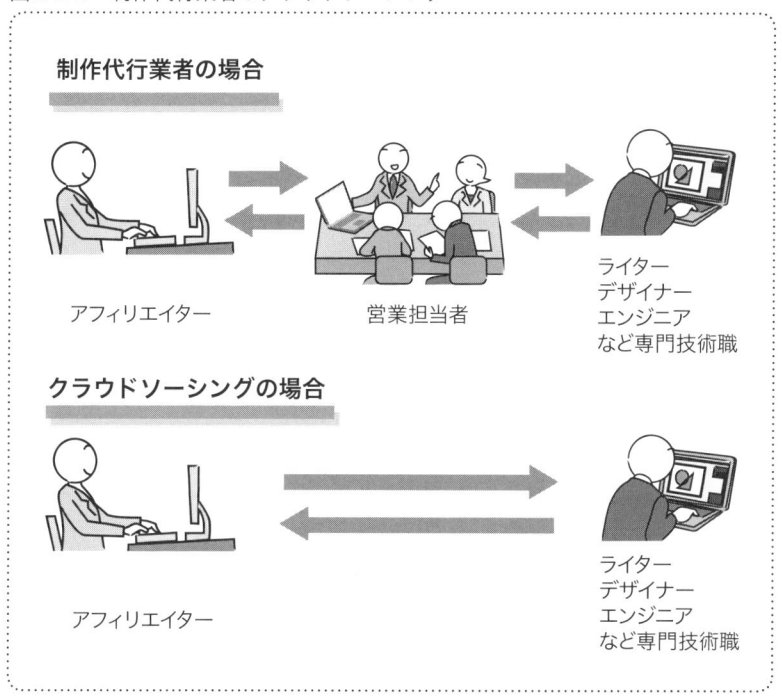

パターン2：
すぐに辞められた、音信不通になった

　フリーの外注業者を採用したものの、すぐに逃げられてしまった場合
は、依頼した業務の内容やコミュニケーションの方法に問題があると考え
ましょう。

　そもそも、フリーの外注業者があなたの依頼を受ける際には、生活費を
稼ぎたいという動機があります。あなたが依頼している業務内容は、相手

が生活費を稼げるような条件になっているでしょうか？

　クラウドソーシングでのブログ記事案件を見ていると、400字のオリジナル記事1本につき200円といった条件の募集が珍しくありません。仮に1本20分で書けるとすると、1日5時間休まず作業して15本。これらが全て採用された場合の報酬は3,000円で、週3日稼働して得られる月収は3〜4万円となります。

　あなたはこれが生活を支える魅力的な仕事で、ぜひ長期に続けたいと感じますか？

　生活費を稼ぐのが目的の外注業者が仕事を放棄して逃げ出すのは、言い換えるとあなたの案件では生活費が稼げないと感じているか、他にもっと良い条件の仕事があるからです。**割に合わないから辞めるのであり、あなたに恩義を感じていないから逃亡するのです。**

パターン3：
ライターに盗用や無断転載をされた、
他案件と使いまわされた

　これも根本的には、報酬が安いことが原因として考えられます。

　単価が安い場合、まとまった報酬を得るためには記事の数を稼がなければなりません。しかし、ご存知の通りオリジナル記事は書くのに時間がかかります。ゆえに著作権を無視したコピペや、バンクの使い回しでさっさと納品してとにかく数を増やしたいという誘惑に駆られるケースが出てくるわけです。

不正な記事がバレずに検収をすり抜け、報酬がもらえればラッキー。バレたらバレで大したペナルティがあるわけでもなく、知らん顔で別の依頼主を探せば良いだけ。元手や労力は大してかかりませんので、チェックの甘い発注者に大量納品を繰り返せば、ある程度の報酬を得られる可能性はあるのかもしれません。

こういった輩を排除するためには、**ライターや記事の数で勝負する方針から少数精鋭の体制へと切り替え、採用時にしっかりフィルタリングする**ことです。

まだ付き合いが浅く信頼関係がないうちは、「つまらない不正や手抜きでこの仕事をクビになったら損だぞ」という打算的な考えをライターに持ってもらうことを目指しましょう。

それには当然、うまみのある報酬や待遇が求められますが、大量採用でライターを消費していては予算が厳しくなります。ライターの数（＝制作するコンテンツの量）と単価（＝品質）の適正なバランスを意識してください。

パターン4：
ライターが納品した記事のレベルが低く、
修正で二度手間になった

採用時にテストをしていないことや、記事制作マニュアルを準備していないこと、ライターが自分で判断するための基準が整っていないことが主な原因です。安価で採用したアルバイトライターに対し自由に書かせると品質が低くなりますので、最低でも注釈付きの納品原稿見本とマニュアルは準備し、いつでも閲覧できるように配布しておきましょう。

また、記事制作にあたり重要視することと、迷った時に指針となる価値基準を、必ず読み合わせて伝えるようにします。

　例えば、納品のスピードと記事の文量ではどちらを優先するのか。本文の勢いや個性と、教科書的な正しい日本語のどちらを大切にするのか。根拠のない噂レベルでも書いていいのか、論文データベースで検索できる情報を参照するのか…といったことです。

　こうした判断基準をライターに伝えていないと、慎重で真面目なライターは長考を始めて手が止まります。逆に大雑把で楽観的な人は、深く考えずにフィーリングで作業を進めますので、いずれにしてもこちらが期待するパフォーマンスとズレが生じる恐れが強くなるのです。ライターが深く考えなくても済むように、かつ方向性を間違わないようにするためには、ライター自身で最大限の工夫ができるよう「迷った時はこれを優先してください」という基準を見せてあげるのが良いでしょう。

　ライターや原稿の数が多いと、修正の手間が馬鹿になりません。安い単価で記事を増やせるという誘惑に任せて低レベルなライターをたくさん抱えると、自分の身動きが取れなくなりますので、本当に必要な記事のみを厳選し、単価は高いが信用できるライターにお願いするようにしましょう。それが、トラブルを減らすコツです。

図 3-9-2　単価は高くても、信頼できるライターに絞ること

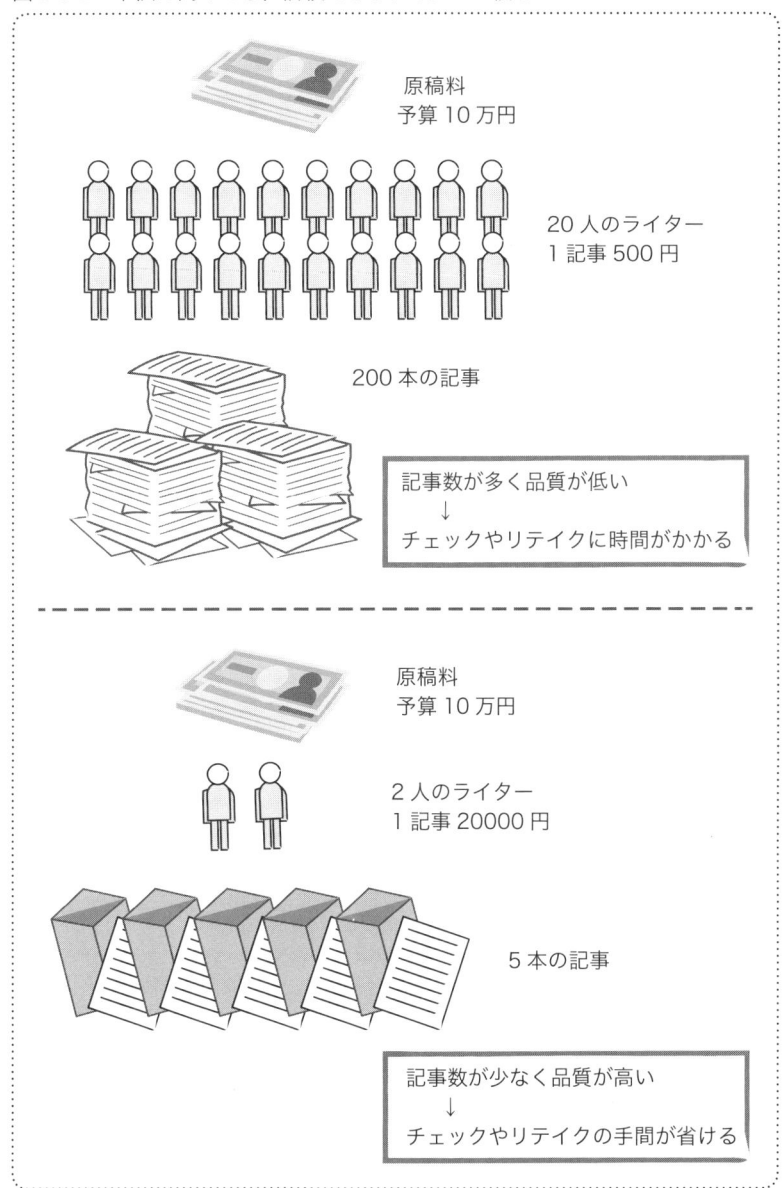

原稿料
予算 10 万円

20 人のライター
1 記事 500 円

200 本の記事

記事数が多く品質が低い
↓
チェックやリテイクに時間がかかる

原稿料
予算 10 万円

2 人のライター
1 記事 20000 円

5 本の記事

記事数が少なく品質が高い
↓
チェックやリテイクの手間が省ける

パターン5：
友人や家族に頼んだら
グダグダになった

外注化で最もハードルが高いのは採用の場面ですから、そこをショートカットするために友人や家族に仕事を頼むケースもよくあります。

この場合に考えられるトラブルとしては、契約条件や責任の所在が不明確になりがちであることや、注意や指導を行いづらくミスや遅れがなあなあになる点が挙げられます。

それらを防ぐために、親しい間柄であっても契約書や覚書を交わして責任の所在を明確にし、契約期間や待遇についても明文化しておきましょう。

私の場合、注意や指導がどうしても難しいので、家族や友人への依頼は避けていますが、取材の録音データからの文字起こしだけは妻に依頼しています。企業のオフレコ情報が含まれた音声は、フリーランスのテープ起こし業者には預けられないからです。

3-10
クラウドソーシングでライターを
募集する際の募集文
Chapter3

募集文の例とポイント

　すでに述べたように、アフィリエイトサイトにおいて「外注化」と言えば真っ先にライターから始まることが多いため、ここではクラウドソーシングでライターを募集する際の募集文の例とポイントを解説していきます。

図 3-10-1　募集文の例

------【業務の内容】------
■弊社運営の情報サイトに掲載する記事を執筆して頂きます。

------【業務の詳細】------
■編集部との打ち合わせを元に、読者層にあった記事のネタ出しを行います。
■リサーチや取材により完全オリジナルの記事を書き起こして頂きます。
■記事は 5000字～10000字程度のものが中心です。
■想定執筆ペースは月 2～4本、契約期間は 1ヶ月単位でご希望に応じます。
■取材対象者がいる場合の交渉や日程調整は編集部を通して行います。

■掲載サイトと記事のサンプル
http:// ○○○. jp/sample/

------ 【報酬・待遇】------

■報酬金額　記事1本につき2万円（5000字以上を想定）

・消費税別、源泉徴収あり

・毎月末締め、翌月10日に送金します

■弊社で負担するもの

・リサーチに必要な書籍や資料の購入代金

・遠方への取材に伴う旅費交通費

・取材対象者への謝礼や手土産など

・契約書類などの郵送費

・打ち合わせ時の飲食費

------ 【ご応募条件】------

以下の条件を全て満たす方にご応募いただけます。

・Webメディアでの商業ライターや編集者として1年以上の実務経験がある方

・著名人や企業への取材経験をお持ちの方

・5000字程度のWeb記事を月2〜4本のペースで制作できる方

（ご希望に応じ、本数を増やすことは可能です）

------ 【ご応募後の流れ】------

1.書類選考（募集締め切りから1週間程度）

↓

2.採用のご連絡

↓

3.意思確認・注意事項の読み合わせ（電話）

↓

4.問題がなければ契約書をお送りしますのでご記入・ご返送ください

↓

5.契約書が弊社に到着後、正式に業務発注

------ 【ご応募方法】------

①画面下部の「応募する」から入力画面へ進んでください。

②契約金額は【固定報酬20,000円】とご入力ください。

　（源泉徴収の項目がある場合は源泉徴収するにチェック）

③メッセージ欄のテンプレートを消去し、以下の情報をご記入下さい。
| ■お名前（フリガナ）
| ■ご年齢
| ■PR（ご実績をお持ちの場合は参考 URL等も）
　※文字数制限を超える場合はファイル等で添付して下さい。
　※個人情報は本件の選考以外には利用せず、募集終了後に適切に破棄いたします。
④「応募する」を押して送信してください。

------【ご注意事項】------
管理の都合上、採用後のご連絡は Slack（ビジネス用チャットツール）に一元化させ
ていただきます。
未導入の方はこちらのサイトを参考にアカウント作成をお願いいたします。
https://get.slack.help/hc/ja

------【担当者より】------
採用担当のサイトウと申します。
長い募集文を最後までお読み頂きありがとうございました。
弊社は在籍しているライターさんが少人数のため、流れ作業ではなく1対1での丁寧
なサポートが可能です。どうぞ安心してご応募ください。
執筆ペースや契約期間については可能な限りご意向に沿って調整いたしますので、ご
遠慮無くお尋ねください。どうぞよろしくお願いいたします。

ポイント

少しレベルの高いライターを採用したい時の募集文です。責任や費用負担
の範囲をあらかじめ明確化し、業務発注までの流れを透明化することで、
こちらに対し信頼感を持ってもらうのが狙いとなります。また冷やかしの
応募を減らすために、商業メディアでの実務経験を必須としています。

ライターを探す時の
チェックリスト

　私が外注ライターを直接スカウトする際、少なくとも次の項目については必ずチェックするようにしています。

・ライターとしての名刺を持っているか
・商業媒体での執筆経験があるか
・著名人のインタビュー、企業やイベント取材の経験があるか
・ブログを書いており、仕事の依頼フォームを用意しているか
　（またはポートフォリオをすぐに用意できるか）

　重視するのは「ライター業で生活が成り立っているか」です。アルバイトや副業感覚の方は、本業優先でスケジュールに融通がきかないことが多く調整が手間です。また仕事を請けようとしているのに名刺やポートフォリオを用意していない場合は、ライター業にあまり熱意がないように思えます（営業ツールがなくとも常に指名でひっきりなしという場合は、その限りではありません）。

源泉徴収とは

　外注業者に料金・報酬を支払う際、所得税の源泉徴収が必要になる
ケースがあります。

　例として、アフィリエイター（法人）がライター（個人事業主）に記事を
発注する場合で考えましょう。

　アフィリエイターが支払う原稿料は、ライターの収入となります。本来
であれば、ライターは事業主として自分で年間の収入をまとめて計算し、
収入から経費や控除を差し引いて所得や税額を確定させ、それを税務署
に申告する必要があります。

　これが年に一度の確定申告です。

　しかし、納税をライターの自己申告に頼っていると、申告漏れや意図的
な所得隠し、税金の未納が増えます。そこで税務署の人が考えたのは、「原
稿料を払う側の会社から税金を先取りして、多く取りすぎた分は後で本人
に返してあげる」という仕組みでした。

図 3-11-1　アフィリエイターと源泉徴収

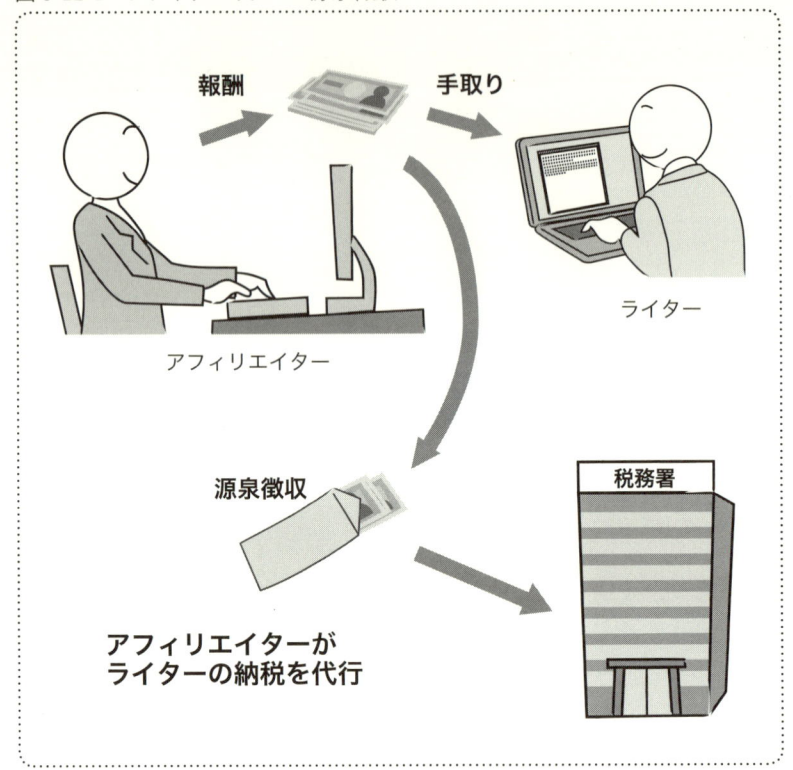

アフィリエイターは、ライターに原稿料を払う際、源泉徴収義務者として10.21％（2017年度、報酬額が100万円以下の場合）の税金を天引きし、会社で預かります。それをライター本人に代わって、国に納付しているのです。残った金額が、いわゆる手取りとしてライターへ振り込まれます。

　ちなみに、クラウドソーシングを利用する場合でも、法人が個人に原稿料を支払う際は源泉徴収を行うのが一般的です。

源泉徴収を行う場合、
行わない場合

外注ライターに原稿料を支払う場合は、発注者に源泉徴収が義務付けられているのですが、例外規定があるため免除されるケースもあります。

図 3-11-2　源泉徴収義務の例外

アフィリエイター	外注先	源泉徴収は必要か
個人（従業員なし）	個人・法人	不要
個人（従業員あり）	個人	必要
個人（従業員あり）	法人	不要
法人	個人	必要
法人	法人	不要

参考：国税庁ホームページ (https://www.nta.go.jp/taxanswer/gensen/2502.htm)

　アフィリエイターの場合は、「自分が法人で相手が個人の場合」と覚えておけばよさそうですが、自分が個人事業主であっても、従業員を雇って給与を支払っている場合は源泉徴収が必要となります。
　詳しくは、所轄の税務署で確認してください。

　よくある誤解として、ライターから届いた原稿料の請求書に源泉徴収の欄がなくても、義務が免除されるわけではありません。その場合は、アフィリエイターの側で計算して源泉徴収してください。

源泉徴収をサボるとどうなる？

アフィリエイターがライターに対し源泉徴収を行わず、自分で確定申告してくださいと言って、税引前の金額をそのまま支払うケースも実態としてはよくありますが、税務調査などで指摘を受けるとペナルティとして延滞税や加算税を取られます。

この時、ペナルティを受けるのは、義務を負っているアフィリエイターの側です。

延滞税や加算税の金額そのものは、高くありません。仮に原稿料が年間100万円で納付すべき税額が約10万円だったとすると、ペナルティは数万円程度のものです。よほど大掛かりで悪質なケースでもない限り、素直に謝ってお金を払えば終わりでしょう。

しかし、ペナルティそのものより避けたいのは、税務署から事務処理能力や納税意識に乏しい事業者だと思われてしまうことです。

アフィリエイターという職業は、ただでさえ実態が不透明で怪しい仕事だと世間一般からは思われています。アフィリエイトは利益率が非常に高いですし、あの手この手で節税を行っている方も多いと思われます。

税務署に目をつけられて帳簿を徹底的に洗い出されると、痛くもない腹を探られ、解釈の違いを巡って何かしら揉めるポイントが必ず出てきます。それによって修正申告を求められ、余計な税金を無理やり納めさせられることになるかもしれません。これもまた、修正申告で発生する追加の納税額そのものよりも、精神的なストレスが強く避けたいケースと言えるでしょう。

　サイトを長期に運営していく上では、普段からマネー関係をクリーンに保つことを心がけてください。

外注化することは手段であり
目的ではない

　Chapter3では、アフィリエイトサイトを外注化するための基本的な考え方をお伝えしてきました。成果を出すためには、サイト品質の向上や分業体制での効率化が必要で、そのために人の手を借りるのでしたね。

　しかし成果に繋がらなければ、それは外注化ごっこに過ぎません。採用した時点でゴールだと勘違いしてしまうアフィリエイターもよく見かけますので、あくまで**外注化は利益を出すための手段**であることを再認識しましょう。

　さて、品質の高いサイトを効率よく作れるようになったら、次は「それを武器にして自分を売り込む」という作業です。これをうまくやれば、同じサイトでも報酬が大きく増える可能性もあるのです。

毎月100万円以上の報酬を本気で狙う為の

【アフィリエイト】
上級バイブル

Chapter4
ASP や広告主と商談して
報酬を 2 倍にする

4-1

報酬を増やすために、ASPや広告主と打ち合わせをする

Chapter4

自室だけがアフィリエイターの職場ではない

　アフィリエイターは自宅のPCで黙々とブログを更新しながら、SEOでライバルと戦って1件でも多くのアクセスやCVを獲得し、報酬を増やしていくもの…。それだけが正しいスタイルだと思い込んでいる人も少なくありません。

　もちろん、そのイメージは間違っていませんが、そのやり方だけに囚われていると報酬が伸び悩むことも考えられます。アフィリエイターは自分のサイトを運営する事業主なのですから、報酬を増やすために他の様々な手段を取り入れ、あらゆる工夫を講じるのは当然と言えるでしょう。

　その工夫の1つが、**ASPや広告主との商談や打ち合わせ**です。

　アフィリエイターが頼りがちな、ネット上に広く頒布され誰でもアクセスできる類いの情報は、他の人が美味しい汁を吸い取った後の搾りかすのようなもの。鮮度の高い情報をライバルに先んじて入手するためには、他の職業と同じように、対面での打ち合わせが有効である場面も多いのです。

ASP担当者とのコミュニケーション

　あなたがこれまでコンスタントに月数万円以上の報酬を得ているなら、おそらくASPから「掲載強化のご提案」「新規掲載のお願い」といったメールをもらったことがあるのではないでしょうか。

　「あなたのサイトは○○という検索ワードで上位表示されているので、この案件も掲載すると成果が獲得できると思いますが、やってみませんか？」というような提案が書かれているのが一般的です。

　このメールを送っているのがASPの営業担当者で、アフィリエイターのサポートをしている人たちになります。彼らは1人で数多くのアフィリエイターを担当しており、我々が簡単には知ることができない統計的なデータや、他のメディアの成功（失敗）事例といった貴重な情報を数多く握っています。

　アフィリエイターが抱える最大の弱点は、入手できる情報の量と鮮度が劣ることだと私は考えています。多くのアフィリエイターは自分1人か、せいぜい数名の極小な組織でサイトを運営しており、情報収集や実務技能の習得はそれぞれが好き勝手に独学で行っていると考えられます。手に入る情報には常に偏りがあり、またそれが正しいのかどうか客観的な検証がなかなかできません。

　そうした情報の不足を補う有益な手段の1つが、ASP担当者と連絡を密に取ることです。

　担当者から得られる情報量は「メール＜電話＜面談」の順に大きくなりますので、できれば積極的に会って面談したいところです。

広告主とのコミュニケーション

　また同様に、広告主とのミーティングも非常に大切です。広告出稿しているクライアント（スポンサー企業、もしくは広告代理店）は提携している主なアフィリエイターの動向を把握しており、ASP以上に真剣に分析を行っています。多額のお金を払ってアフィリエイト広告を運用しているのですから、当然と言えば当然でしょう。

　広告主とコンタクトを取ることで、**アフィリエイターがいくら考えてもわからないライバルサイトの様子、業界全体の動き、社外秘の未公開情報など**を教えてもらうことは十分に可能です。向こうも向こうでアフィリエイターのことを知りたいと思っている場合が多いので、臆さず会いに行くことでお互いにメリットを共有することができます。

　すべての広告主がアフィリエイターと会ってくれるわけではありませんが、あなたがASP担当者から信頼されているなら窓口を紹介してもらえる可能性は十分にあります。

4-2

そもそもASP担当者は
何をしている人なのか?

Chapter4

ASP担当者と会っている人は
意外に少ない

そこそこのアフィリエイト報酬を得ているにも関わらず、ASPの担当者とじっくり話したことがない人もかなりの割合でいるようです。

セミナーやイベントで挨拶をしてちょっと立ち話をしたとか、懇親会でたまたま近くの席にいたという偶発的なケースを除き、個別に打ち合わせをしたことがある人は、ほんの一握りしかいないのではないでしょうか。

ここから少しページを使って、ASP担当者との上手な付き合い方や、そうすることのメリットについてお伝えしていきます。

ただその前に、そもそも決まった担当者がついていない、あるいは担当者はいても打ち合わせ等でじっくり話したことがないという人がいるかもしれませんので、念のためASPの担当者は一体どんな仕事をしている人なのか、簡単に説明しておきましょう。

ASPは何を売っている会社なのか？

　ご存知と思いますが、ASPは「Affiliate Service Provider」の略で、ア フィリエイトという販促の仕組みをパッケージ化して企業へ販売してい る会社です。

　広告主からすると、セールスの一環としてアフィリエイトという仕組み を導入したい時にASPに申し込めば、すぐにシステムを使わせてくれま す。AmazonアソシエイトのようにASPを通さず自社で独自のアフィリ エイトプログラムを運用することもできますが、大きなコストがかかるた め、ASPから既存のシステムを買った方が早いわけです。

　またアフィリエイトサイト運営者から見ても、ASPを通せば多くの広告 主との提携や管理を一元化できるメリットがあり、個人のアフィリエイ ターにはASPとの提携が必須となっています。

　そういった、安価でアフィリエイト出稿をしたい広告主と、広告営業の 手間を減らしたいアフィリエイターの両者を抱えてマッチングを行い、広 告主から成果に応じた利用手数料を取るのがASPの一般的なビジネスモ デルです。

ASPの売上はどこから出ているか

　ASPの主な売上は、広告主が支払う広告報酬です。そこから決められた 手数料（概ね5〜10％程度）を引き、残りをアフィリエイターへ支払いま す。ASPの案件リストに載っている成果報酬に少し上乗せした額が、広

告主から ASP へ支払われているわけです。

その他に、広告主が ASP に登録する際の登録費、月額のシステム管理費、より多くのアフィリエイターへ案件をアピールするためのオプションなど、ASP ごとに様々な費用がありますが、メインとなるのは広告主が支払う広告報酬です。

図 4-2-1　広告報酬の流れ

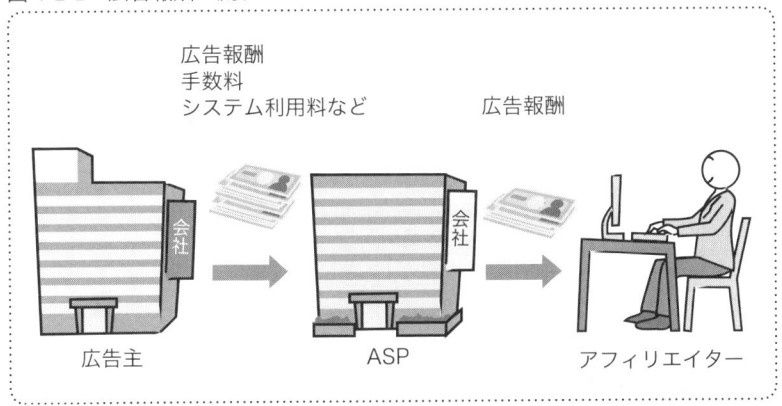

アフィリエイターが特別単価や固定掲載費を獲得している場合、広告主から ASP に支払われる広告報酬もそれだけ多くなりますので、**ASP は特別単価や固定掲載費の獲得には協力的であるのが普通**です。

たまに「特別条件は ASP が儲けを削って自腹で出しているから申請が通りにくい」と思っている人がいますが、これは誤解です。特別条件の費用も広告主の予算から捻出されますので、ASP からすれば売上が増える嬉しい提案となります。

ASP 同士で優秀なアフィリエイターの取り合いが加熱した場合、最後の手段として ASP が自腹を切って報酬を上乗せすることは稀にありますが、ASP の収支が悪化するのでジャッジが厳しく、滅多にありません。いわば禁じ手ですので、あまり期待しないほうが良いでしょう。

ASP担当者の仕事

　アフィリエイターが言う「ASPの担当者」とは主に「メディア側についている営業担当者」を指します。「広告主側についている営業担当者」とチームを組んで仕事をしているのが一般的です（ASPによっては1人で両方担当することもあります）。

　彼らは提携しているアフィリエイトサイトから1件でも多くの成果を発生させることを、会社から業務として課せられており、そのために営業時間を使ってアフィリエイターへの対応を行っています。

　具体的には、アフィリエイターからの質問や申請への対応、セミナーやイベントの開催、新規アフィリエイターの獲得、広告主に対する取材や商談への同行、といったものが主な業務です。

　中でも最も多くのリソースを割いているのは、アフィリエイターへの個別対応でしょう。ASPの規模にもよりますが、担当者は50〜300人ほどのアフィリエイターを担当しています。300人のアフィリエイターが一斉に質問メールを送ってきた場合、返信まで1通あたり10分で済んだとしても、のべ50時間を要します。1ヶ月の営業時間が160時間と仮定すると、およそ3分の1がメールの返信だけで終わってしまう、タイムマネジメントが難しい仕事と言えます。

　ここで心に留めて欲しいのですが、**ASPの担当者は常に時間に追われていて、あなただけを特別に見てくれているわけではありません**。口を開けて待っていても手取り足取りのお世話は期待できず、忙しい担当者の時間を拝借するためには自ら積極的にアプローチをして、相手を動かす必要があるのです。

ASP担当者と打ち合わせをする
メリット
Chapter4

ASP担当者と話せば競争で
優位に立てる

　いきなり「ASP担当者と打ち合わせしよう」と言われても、いまいちピンと来ないアフィリエイターも多いと思います。

　では、なぜASP担当者と打ち合わせをした方がよいのでしょうか？

　ここでは、そのメリットについて解説します。

①個人では知り得ない、
他サイトの統計データを活用できる

　ライバルサイトの内情は皆さん気になっていると思いますが、担当者を通じておおよその規模感や施策について知ることが可能です。

　もちろん、個別のサイトについて具体的な数字や詳細を担当者が漏らすことはありませんし、要求してもいけませんが、このまま同ジャンルを極

めていけばどれくらいの報酬レベルに到達できるのかという感覚を参考程度には教えてくれます。

　自サイトのジャンル以外でも、例えば薬剤師の求人サイトで検索上位なら月○○万円くらいのサイトが多いとか、○○の商標で上位表示していれば○○件くらいは狙えるといった相場を知ることも可能です。これがないと今後の事業方針がうまく定まりませんので、新規サイトに着手する際や、今のサイトに予算をかけて規模を大きくしていくといった際にはぜひ入手しておきたい資料となります。

図 4-3-1　サイトを作る前にジャンルの規模感を知っておきたい

　また成果を伸ばしているサイトの事例や失敗した事例もふんわりしたレベルですが教えてもらえますので、それを自サイトにフィードバックし

て改善施策を回すこともできるでしょう。アフィリエイターはとかく自分の感覚や成功体験に頼り切りであることが多く、他サイトの取り組みを学ぶ機会は稀少です。

　ただし、**同様にあなたの成功事例も担当者を通じてライバルに漏れますので**、お喋りな担当者に内情を明かしすぎるとライバルサイトが軒並み自サイトの真似を始めることもあります。あなたのサイトの根幹をなすコアコンピタンスについては、サイトの責任者として情報を守る必要があることも忘れずにいてください。

②広告主について詳しく、早く知ることができる

　ASP担当者は広告主側の担当者とチームを組んでいることが多く、打ち合わせにも同席してくれることがあります。広告主と頻繁にやり取りをしている担当者から、企業の内情や動向を教えてもらうことで、サイトにも次の施策を打ちやすくなります。

　例えば、近々新商品が発表される予定であるとか、来月キャンペーンが開催される、広告担当者を増員してアフィリエイト予算を増やす動きがある、これまで対象外だった商品も成果対象になりそう…。
　こうした情報を公表前に察知することができれば、ライバルのサイトに先んじてコンテンツを用意することができるようになり、競争に非常に有利です。

逆に、広告予算が減って報酬を抑制する気配があるとか、全体的に成果が伸びずアフィリエイトに消極的であるといったネガティブな情報をキャッチした場合、少し先のことを考えて別の広告主や別のサイトにシフトするような防衛策も取りやすいでしょう。

　アフィリエイト業界の良くない慣習として、プロモーションの廃止や報酬減額は直前にならないと通知されません。月末近くになって突然「今月いっぱいで案件が終了しますのでバナーを外してください」といったメールが届き、驚いて確認の問い合わせをするようなケースも珍しくないのです。月100万円の報酬が出ていた案件が3日後に廃止となったら、当面の経営に大きな影響が出ることは避けられません。

　担当者と打ち合わせをしていれば、「まだ非公開ですが…」といった前置きつきで、この手の話を早めに入手することができます。安定したサイト運営のためには必須の情報です。

③担当者の対応優先度が上がる

　担当者がニュースや儲け話を仕入れた時、「あ、このニュースは○○さんに話したら役に立つんじゃないかな」と思い出してもらえるかどうかは、情報の量とスピードを大きく左右します。担当者にとって、顔と名前が一致し運営サイトまで思い出せるアフィリエイターはほんの一部ですから、自分がその中に入っていることは強力なアドバンテージと言えるでしょう。

　普段あまり交流のない仕事相手に対し、わざわざ改まってメールを書き起こしてまでちょっとしたニュースを伝えようとは思いませんが、気軽に雑談できる関係を構築しておけば、「そう言えばこんな話を耳にしたんですが、もう知ってますか？」といったよもやま話が流れてくるようになります。

　往々にして、ビジネスチャンスはそういう取るに足らない話の中に眠っているものです。担当者が優先的に協力してくれるような関係を築きましょう。

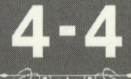

ASP の担当者に
ついてもらうには
Chapter4

まだ ASP 担当者がついていない場合

　自分にまだ ASP の担当者がついていない場合は、どうすればいいのでしょうか?

①サポート窓口へメールを送る

　新しく担当者についてもらうために最も確実なのは、ASP のサポート問い合わせ窓口からメールを送り、担当者と相談したい旨を伝えることです。この際、まだサイトもなく、アフィリエイトの経験や実績もなく、やる気だけでメールを送られても相手が困惑してしまいますので、最低限、ASP があなたに担当者をつけるだけの理由は添える必要があります。

　サイトからすでに報酬が出ているならば、そのサイトについての媒体資料（PV、獲得件数、検索で上位表示されているワード、主な集客手法、運営歴など）を簡単にまとめます。立派なプレゼン資料

でなくとも、中身が分かればテキストのベタ打ちで十分です。

　実績がない人でも今後の伸びしろがあると感じてもらえれば、担当者はつきますので、その場合は今後のサイト運営体制や事業方針、目標について詳しく説明しましょう。アフィリエイトにかける本気度と具体性が伝われば大丈夫です。

②他のアフィリエイターに紹介してもらう

　アフィリエイト塾やオンラインサロンに入っているなら、おそらく代表者や古参メンバーはASPの担当者とかなり親しくしているはずなので、紹介を依頼すれば話は簡単です。

　ただし、あなたが紹介に値しないと判断された場合はやんわり断られることもありえますので、その場合は理由を聞いて、サイトや自分自身に問題があれば改善してリトライしましょう。

③セミナーやイベントで名刺交換する

　ASPの管理画面では、セミナーやイベントの情報が頻繁に配信されていますが、こういった会場には担当者が必ず来ていますので、そこへ行って名刺をもらいます。

　当日は運営業務でバタバタしているはずなので長話は避け、改めてメールを送ることを伝えて名刺に載っているメールアドレスへすぐに連絡しましょう。

　ごく普通のビジネスマナーに則った挨拶と、自己紹介や媒体資料を添付しておけば、問題なくその後もやり取りに応じてくれるはずです。

ASP担当者はサイト運営の
専門家ではない

何度も言うようですが、ASP担当者は常に時間に追われていて、全ての
アフィリエイターに対しフルサポートができるわけではありません。忙し
い担当者を捕まえて自分からアピールしない限り、いい反応を得るのは難
しいと考えましょう。

特に、じっと待ってさえいれば担当者が何かいい情報を勝手に持ってき
てくれるだろうというお客様気分でいると、気がついたら担当者と音信不
通になってしまう恐れがあります。

また **ASPは、アフィリエイターを教育する業務を担っているわけでは
なく、あなたがプロのメディア事業者であるという前提で接してきます。**
報酬を稼げるサイトの作り方やコンテンツ制作の手法は、アフィリエイ
ター自身で学ぶのが前提なのです。

もちろん知らないことは知らないと言えば教えてくれますが、あくまで
彼らはアフィリエイトという広告のシステムを販売する業者であり、Web
制作業者やSEOコンサルタントではありません。コンテンツ制作やSEO
については素人同然です。

そういう事情も含め、ASP担当者はあなたと対等な立場のビジネス
パートナーであり、教育係や世話役ではないことに注意しましょう。必要
な知識は自分で身につけて逆に担当者へ情報提供し、ASPからはASPし
か知り得ない統計データやノウハウを引き出すことが、担当者と上手に付
き合うコツです。

図 4-4-1　ASP 担当者はあなたの教育係ではない

ASPはなるべく集約したほうが良い

　ASPへのユーザー登録自体はいくらでもしておいて構いませんが、広告コードを発行して報酬を発生させるASPは1〜2社に絞っておくと良いでしょう。

　理由は、次の2点です。

①はすぐ分かると思いますが、②について少し補足します。

ASP によっては報酬額でアフィリエイターをランク分けしている会社がありますが、ビギナーランクのアフィリエイターと、上位ランクのアフィリエイターでは受けられるサービスが明確に異なっています。

ランク制度を持たない ASP でも担当者にとっては同じことで、まとまった数字を持っているアフィリエイターはあらゆる面で優先的に対応してもらえますし、自分の提案も通しやすくなります。**報酬が全体で100万円を超えないうちは、ASP を集約するメリットが大きい**と言えるでしょう。

報酬が増え、他社でビジネスクラスの実績を出していると知られれば、他の ASP 担当者も丁寧に接してくれるようになります。

もちろん、独占案件がある場合や単価面で有利な場合などは ASP を増やしても構いませんが、手当たり次第に増やすと手間も増えますので、バランスを大切にしましょう。

4-5
ASP担当者との初めての
打ち合わせガイド
Chapter4

ASP担当者と初めて会う前に

　あなたがすでにASPの担当者についてもらっているなら、一度ASPの
オフィスへ出向いて面談することを推奨します。

　アフィリエイターもASP担当者も人間ですから、互いに面識がある方
が心理的な距離が縮まり、意思の疎通がしやすいのは当たり前です。

　しかし、いきなりASP訪問と言っても何を話せばいいのか、どんな準備
をすればよいのか分からない人も多いと思います。また自分がお願いした
ところでASP担当者が会ってくれるのか不安だという人もいるでしょう。
ここではそういった疑問や不安について、1つずつ解消していきます。

ASP担当者に会うための「資格」

　サイトや報酬額がどれくらいの規模になっていれば担当者が会ってく
れるのかという「資格」については、私もよく質問をいただきます。

多くの担当者は特に意識しておらず、明確な条件は定まっていないようです。**ASPにサイトが登録してあって、月数万円以上の広告報酬が継続的に発生していればとりあえずは大丈夫**、という意見が多く見られます。

　報酬金額よりも重視されるのは、今後もっと積極的にサイト改良や別サイト制作に取り組み、アフィリエイト報酬をどんどん増やしたいという意欲があるか、つまり伸びしろがあるかどうかです。
　ASP担当者はアフィリエイターの広告報酬を増やすことが仕事ですから、もっと報酬を増やしたいけれど情報が足りなくて困っているという人を応援するのは当然です。担当者に会いたい場合、今後のビジョンを強調して伝えるとよい印象を与えることができます。

図 4-5-1　ASP 担当者が会ってくれやすいアフィリエイター

　また最低限、メールなどでの連絡がきちんと取れて、コミュニケーションの心配が少ない人であることも重視されます。ビジネスパートナーとしては、気分次第で音信不通になるような相手では困るわけです。

打ち合わせの申し込み

　打ち合わせがしたいと思ったら、素直にその旨をメールで担当者に送ります。希望日程の候補をいくつか提示し、相手に選んでもらうと良いでしょう。

　場所はASPのオフィスが一般的です。大抵のASPは都心の一等地に綺麗なオフィスを構えていて、広告業界がいかに儲かるかをその目で確かめることができます。

　担当者は常に数多くのアフィリエイターを受け持っていて、必ずしもあなたやあなたのサイトのことを十分に理解しているわけではありません。**サイトの近況や課題点、今後の計画を簡単にまとめて添付したり、質問や提案をあらかじめ文面で伝えておいたほうが担当者には喜ばれますし、**コミュニケーションに対する不安を払拭することができるでしょう。

　アフィリエイターは一般常識に欠けた連絡方法を取る人も多いため、担当者は多少なりとも不安を感じていることがあります。自分はちゃんとビジネスマナーをわきまえていますよと、メールから安心感が伝わるようにすると効果的です。

打ち合わせの準備

打ち合わせは手ぶらで行ってはいけません。

自サイトの媒体資料（直近のPV、獲得件数、検索で上位表示されているワード、主な集客手法、運営歴など）をまとめた資料を用意し、事前に送付します。またサイトが抱えている課題点や質問事項、要望も送っておくと、有意義に時間を使うことができます。

送付が直前すぎると相手が準備する時間を取れませんし、あまり早く送りすぎても忘れられてしまうことがあるので、私は約束の2〜3営業日前に送るようにしています。

◆質問の例

- ・特別単価の交渉はできそうか
- ・他にこのサイトに載せられそうな案件はないか
- ・広告主への取材活動は受け入れてもらえるか

初対面であれば、手土産にお菓子くらいは持参すべきでしょう。オフィスで同僚に配りやすい個包装のものを選び、10人分もあれば大丈夫です。

ASP訪問時にスーツを着ていく必要はありませんが、綺麗なオフィスで仕事の話をすることを考え、清潔感のある服装にしてください。

　アフィリエイターが名刺を持っていないケースをよく見ますが、例え副業であっても、商談するのであれば準備しておきましょう。オンデマンドの名刺印刷サービスなら、雛形を選んで名前や連絡先を入れるだけで済みますし、1,000円程度で1ケース作れます。

　こういう細かい部分を見て、あなたのアフィリエイト事業にかける本気度が推し量られていることをお忘れなく。

当日話すこと

　事前に送った資料を元に、担当者も次のような提案を用意してくれているはずです。

> ・サイトへ掲載できそうな新規案件の紹介
> ・特別単価を取るための露出強化の提案
> ・新規サイト制作の提案

　打ち合わせはこういった内容が中心になると思われますが、実は初対面では話の内容よりもっと重要なことがあります。

　それはあなたの印象です。

　担当者とは引き続き長いつきあいになりますので、今後も積極的に情報交換したい、このアフィリエイターの役に立ってあげたいと思ってもらうことができれば、最初の打ち合わせは成功と言えます。

信頼関係の希薄なうちから「お金、お金」といった調子で攻めすぎると、一般常識がないと思われ不信感を招いてしまいますので、まずはお見合いパーティのようなつもりで自分と相手の距離を縮めることから考えてください。雑談半分、仕事半分で大丈夫です。

　慣れてくると雑談9割、仕事1割のようになるものですが、それでいて他愛もない雑談からヒントを得て結果に繋げるのが、デキるアフィリエイターなのです。

4-6

絶対に獲得したい
「特別条件」について

Chapter4

特別単価と固定掲載費

　ASP担当者と会って相談したいことのうち、アフィリエイターが最も興味を抱いているのは「特別条件」についての話題ではないでしょうか。

図 4-6-1　主な特別条件

特別条件と言っても内容は様々ですが、大きく分けて**「特別単価（特単）」**と**「固定掲載費（固定費）」**の2つが考えられます。

すでにご存知の方も多いと思いますが簡単におさらいしておきましょう。

特別単価とは

通常、アフィリエイト報酬はASPの管理画面から確認することができ、「新規成約1件あたり3,000円（消費税別）」といった形で金額が提示されています。アフィリエイト業界では、この公開されている標準単価に加え、広告主が定めた基準をクリアすることで報酬が上乗せされる商慣習があります。これが特別単価で、アフィリエイターの間ではもっぱら「特単」と呼ばれています。

特単の条件や、どのくらいの値上げ幅があるかは、広告主の意向や予算によって千差万別ですが、一般的には毎月の承認件数によってハードルが課されていることが多いようです。

例えば、「月20件以上の承認が入った場合、単価を3,000円から5,000円に引き上げて当月の成果を再計算する」といった形です。この場合、標準単価では「3,000円×20件＝6万円」の成果報酬のはずが、特単適用を受けて「5,000円×20件＝10万円」の成果報酬という具合になります。

お気づきのように、同じ案件で同じ件数を獲得しているアフィリエイター同士でも、特単申請が認められているかどうかで報酬にとても大きな差が生じます。

特単の幅は商材そのものの利益率にもよるのですが、リピート購入前提でLTVが高い商品であれば、広告主は新規獲得コストを割いてもよいと考えていますから、標準単価の2倍以上まで引き出せる可能性は低くありません。通常であれば、1件1万円の報酬が1件2万円になるということですから、その威力は絶大です。

逆に、薄利多売で利益率が低い商品の場合、それほど単価アップは期待できないものの、数を売ることが前提なら総報酬額への影響は大きなものとなります。毎月300件コンスタントに売れる商品で、1件あたり1,000円から1,500円に単価がアップした場合、「500円×300件＝15万円」の報酬増です。決して軽視できる数字ではありません。

同じ労力でサイトを作って運営するのであれば、高い報酬額を目指すのは当然です。特別単価はなんとしても獲得したい、ビジネスクラスのアフィリエイターには必須の条件と言えるでしょう。

固定掲載費とは

アフィリエイト報酬は、承認件数に応じて支払われる完全歩合制の成果報酬です。件数が増えれば報酬も増えますが、逆に成約しない限りお金は入ってきません。

一方、「固定掲載費（固定費）」は、昔ながらの純広告カテゴリに属する手法で、サイトが持っている広告枠を月極めでスポンサーに販売することを指します。

この場合、件数に関係なく定額で広告料が入ってくるため、厳密にはアフィリエイト報酬とは異なりますが、アフィリエイト業界では特別条件の中に含めて話すことが多くなっています。

個別記事の上部や下部に大きな広告枠を作ったり、サイドカラムにバナーを載せたりすることで、広告主に月額料金を請求するのが一般的な形です。

よほど大手のサイトでない限り、1枠だけでは爆発的な掲載料金にはならないものの、持っている複数のサイトそれぞれに複数の枠を作り、何社かの広告主に分けて販売することで月20万円～30万円程度の固定費を得ることは十分に可能です。

契約してもらえるまでのハードルは特別単価に比べてかなり高めですが、もし認められれば件数に左右されない安定収入を得ることができます。

特典で特別条件がもらえることも

いずれの特別条件でも、通常はASP担当者を通じて広告主へ申請を行います。

アフィリエイト塾やサロンの中には、会員特典として色々な企業からすぐに特別単価をもらえる所もありますので、興味があれば調べてみてください。

また、ASPが開催しているセミナーやサイト制作コンテンストに参加すると、特別条件がもらえるようなキャンペーンも頻繁に行われています。

4-7

特別単価の交渉で勝つための 3か条

Chapter4

「欲しい」と言うだけでは、 特別単価はもらえない

　ビジネスクラスのアフィリエイターを目指す上でのファストパスとも言える特別単価ですが、ただ欲しいと言っただけですぐにもらえるものではありません。お金を払う広告主に対して、なぜ通常報酬では足りないのか、なぜ特別単価を出してまであなたを優遇した方が良いのかを説明し、その必要性を認めてもらわなければならないからです。

　そのためには、**漠然とした抽象的・感情的な表現ではなく、ビジネスとして数字で広告主にメリットを提示し、予算を承認してもらうことを考**えなければなりません。

　こうした交渉をしたことがないアフィリエイターが、効果的な提案をまとめて広告主へ直接プレゼンするというのは、かなり高いハードルとなります。経験豊富なASP担当者の協力を得ながら、特別単価の申請内容をまとめていくのが一般的です。

特別単価を承認しているのは誰か

　非常に多い誤解として「特別単価を出す、出さないはASP担当者が決めている」というものがあります。

　しかし実際は、広告主の許可なしにASPが勝手に特別単価を出すことはできませんし、予算も広告主が捻出します。

　ですから、ASP担当者が決められることはほとんどなく、彼らはアフィリエイターから特別単価の申請があればその取り次ぎを行い、代理人として広告主と交渉する役割です。

　従って、**アフィリエイターはASP担当者に、広告主との交渉で勝てるだけの「武器」を渡さなければなりません。**「武器」などと不穏当な表現ですが、要するに条件交渉を有利に進めるための材料のことです。もっと具体的に言うならば、ASP担当者が広告主とのミーティング中に、自信を持ってあなたを「優遇して囲い込むべき有力アフィリエイター」として推薦できるだけの理由や根拠となります。

　広告主は多額の予算を投じて、商品のアフィリエイトプロモーションを実施しています。その上、さらに追加で特別報酬を支払えと言われたら、当然ながらその理由や根拠を厳しくチェックするでしょう。ASP担当者が手ぶらで広告主のオフィスに乗り込み、お茶を飲んでくるだけで和やかに特別単価がもらえるほど甘くはないのです。特別単価の交渉は切った張ったの世界であり、ASP担当者には広告主と戦って勝つための準備が必要になることを心得てください。

必勝！特別単価獲得マニュアル

　アフィリエイターの報酬が増えるということは、広告主からすれば広告料金が追加でかかることになりますので、当然その支出に見合うメリットを求められます。理由もなく「追加料金をください」と言うだけで、言われるがままに払う人はいません。ビジネスはギブアンドテイク、相互に利益を提供するのが大前提ですから、**「報酬が増える代わりに、広告主にこれだけの見返りを提供できます」という大義名分は絶対に必要**です。

　広告主はある程度の規模を持った会社であることが多いですから、アフィリエイト運用担当者も多くはサラリーマンです。自分だけで勝手に予算を承認することはできず、必ず上司の決裁がついて回るのが想像できるでしょうか。

　特別単価の承認にあたっては、一般的に次の図のような流れになると考えてください。

　あなたが「特別単価が欲しい」と思ってから、その承認をする広告主の責任者までの間に、少なくとも3～4人を経由するのです。また、間に入っているのは全てサラリーマンですから、常に形式ぶった書類が必要となります。

　「今般、貴社に提携頂いている下記のアフィリエイトサイトが、○○という事情から特別単価の適用を申請しております。つきましては○○円の単価増のご裁可を頂きたく存じます。何卒ご高配賜りますようお願い申し上げます」といった日本のビジネス形式に沿った申請文と、その根拠となる資料が一緒となって、関係者の間を流れていくわけです。

図 4-7-1　特別単価申請の流れ

　この一連の流れを想像できないアフィリエイターが、ASP担当者に「特単ください」とだけメールしてくる事例がとても多く、担当者の頭痛の種になっているそうです。それでは残念ながら特別単価の承認はなかなか通りません。

特別単価を申請する時に
絶対守るべき3か条

> ①いきなり交渉せず、事前にASP担当者にヒアリングする
> ②申請文を書き起こし、書面でASP担当者に渡す
> ③広告主に提供できるメリットを、数値的根拠と共に伝える

①いきなり交渉せず、事前にASP担当者にヒアリングする

　そもそも、特別単価を認めていない広告主もいます。まずは交渉が可能かどうか、広告主がどういった条件を好むか、といったアタリをつけるために、ASP担当者へ問い合わせをしてみましょう。

　今の実績であれば十分可能性がありますよ、と言われたら次のステップへ進みます。

②申請文を書き起こし、書面でASP担当者に渡す

　メール本文にベタ打ちではなく、書面としてASPや広告主が社内で回覧できるようPDF等にまとめます。長くても、A4用紙で2枚程度にしましょう。わざわざ書面にする理由は、複数の担当者間で伝言ゲームのようになって情報が歪曲されてしまうのを防ぐためです。

　書面の内容は、自サイトの実績、今後の施策や目標数値、特別単価を申請する理由です。

　初めてで自信がない場合、ASP担当者に一度見せてアドバイスをもらうと良いでしょう。

この書類を作らずに「特単ください」とだけメールした場合、ASP担当者がこの作業を渋々肩代わりすることになります。しかし何度も言うように、担当者はあなたのサイトのことを熟知しているわけではなく、サイトの現状や今後の計画についてはよく分かりません。これでは申請に時間がかかったり、却下されたりする恐れがあります。

　あなたのサイトのことはあなたが一番よく知っているのですから、媒体資料は担当者任せでなく自分で作りましょう。

③広告主に提供できるメリットを、数値的根拠と共に伝える

　ここが非常に重要で、要するに「○○という理由があるからお金を払って欲しい」という意味です。

　具体的には「獲得数を強化するためにサイトに機能を追加で実装したいが、そのために○○円の制作予算が必要となる。特別単価が認められることで制作費を捻出できる。実装後、CV数は○○件の向上を見込んでいる」とか、「貴社と同業のA社は単価が○○円で、報酬に2倍近い差があり、このままではどうしてもサイト上の露出に大きな差をつけざるを得ない。貴社の商品は優れていると感じるので、ライターを増員してより掲載強化に努めたいが、そのための予算として特別単価を認めて欲しい。そうすれば月4本の商品レビューが掲載でき、A社の露出と同等にできる」といった内容になります。

　要は、広告主が「なるほど、これなら仕方ないな」と追加料金を認めてくれるような事情が伝わればよいわけです。

　広告主はアフィリエイトの専門家ではありませんので、アフィリエイターがどんなことを考えてサイトを作っているかはほとんど知りません。これこれの施策をやりたい、そのためには予算が必要である、ということを明示するのが大切です。

4-8
優れたアフィリエイターの証明、固定掲載費
Chapter4

固定掲載費を狙える可能性について

アフィリエイト報酬の特別条件と言えば、今は特別単価が中心ですが、固定掲載費（固定費）を獲得できる可能性もありますので触れておきます。

はじめに申し上げますが、固定掲載費は運営サイトに相応の実績と信用がなければまず通りません。

アフィリエイト報酬は完全歩合制ですから、特別単価を設定しても売れた分だけ広告料を払えば良く、広告主が採算分岐点をコントロールしやすいのが特長です。

一方、固定掲載費はそうではありません。サイトから100件売れても、1件しか売れなくても、掲載費は同じ金額だけ払わなければならず、広告主からするとリスクを負う形です。

従って固定掲載費が承認されるためには、「このサイトなら実績から見て月○件は最低でもクリアするだろう」という信用が前提となります。

固定掲載費は毎月の判定もシビアで、基準件数に未達となった場合は
すぐに打ち切られてしまいます。特別単価の場合は先ほど述べたような理
由から、多少の猶予がもらえることもありますが、固定掲載費でのお目こ
ぼしは難しいと考えたほうが良いでしょう。

　固定掲載費ありきでの特別条件交渉は難航する場合が多く、特別単価
についてニコニコ顔で話していたASP担当者が、固定掲載費について質
問すると急に渋い顔をすることがままあります。交渉ができるのは実績と
信用のある有力アフィリエイターの証だと考え、もし取れたら儲けものく
らいの気持ちで焦らずサイト運営を続けて行きましょう。

それでも固定掲載費交渉に
挑戦したい場合の提案内容は

　困難な道のりだと知ってもなお、固定掲載費の交渉にチャレンジしたい
という向上心豊かなあなたのために、交渉で勝つコツを少しだけお教えし
ます。
　ポイントは特別単価の時と同じで、**固定掲載費を払うだけの数値的根
拠を示してあげること**です。

　私がよくやるのは、「自サイトへの検索流入数を、PPC広告で獲得した
場合のコストと比較する」手法です。ビッグワードで上位表示されている
サイトを持っているなら、同じだけのアクセスをPPC広告で稼ぎ出すこと
を想定して費用を計算してみてください。

例えば、Google AdWordsで入札推奨単価が1,000円のキーワードが
あったとします。そのキーワードであなたのサイトが1位表示されていて、
月間10万UUの検索流入があったとしたら、PPC広告から同じだけのア
クセスを得るために必要な予算は単純計算で「1,000円×10万UU＝1億
円」となります。

図4-8-1　PPC広告で高額な費用が予想される例

＊入札競争が激しいジャンルは、1クリックで数千円の広告費がかかる

　もちろん、全てのアクセスがその単一ワードから来ているわけではない
ので正確な金額は算出できず、かなり乱暴ではありますが、主な集客キー
ワードをPPC広告に換算して比較することで「このサイトの協力なしに、
同じだけの露出量をお金で買おうとしたら本来どのくらいかかるのか」と
いう大まかなボリューム感を示すのです。

　これはかなりのインパクトがあり、1億円のPPC広告を打つことに比べ
たら、月100万円の固定掲載費がまるで誤差のような金額に見えてしまう
から不思議です。

この本を読んでいる方に改めて認識していただきたいのは、**今の時代にSEOで勝ち上がるのは並大抵のことではない**、という事実です。Webを仕事にしている人間なら誰でもSEOをかじっていて、どこの企業もお金をかけ、あの手この手で検索上位を狙っています。そして1つのキーワードで1位表示できるサイトは、世界にたった1つしかないのです。

　それだけの努力をして勝ち上がった実績を持つサイトに対し、おこづかい程度の金額で大きな広告枠を買おうという広告主がいたら、それはもうサイト運営者に対する侮辱ではないでしょうか。

　あまりに法外な固定掲載費をふっかけるのは、信用面で悪影響を及ぼすのでお勧めできませんが、これだけWeb広告が加熱している状況で上位表示しているサイトにはそれだけの価値があるのだという自信と誇りを持ち、堂々と数値的根拠を示して営業交渉に臨んでもよいと思います。

禁じ手？　ランキング営業

　この本を書く少し前までは、「サイト内のランキング1位に掲載・月額30万円」といった固定掲載費の取引が横行しており、メジャーなサイトのランキング枠は広告主の間で取り合いになっていました。ところが、そうしたランキング操作の実態がニュースサイトで報じられて炎上し、今は広告主からの積極的なアプローチは鳴りを潜めているようです。

　こうした不誠実なランキング操作は、サイト訪問者の利益を損ねるのはもちろんのこと、法的にも怪しい部分が多々含まれます。現実にはまだ水面下に根強く残っている手法ですが、長期的なサイト運営におけるリスク

や運営者の信用面を考慮し、あからさまなランキング操作に手を出すことのないよう強く警告しておきます。

「サイト運営者の主観に基づくランキングです」と注釈をつければ問題ないと教えているセミナーや書籍も見かけますが、徐々に消費者やお役所の目は厳しくなっています。目先の固定掲載費よりも、アフィリエイト業界の健全化による市場規模拡大の方が長期的に得られるメリットが大きいのではないでしょうか。

それでもランキングを作って1位掲載を広告主にアピールし、固定掲載費を取りたいと考えるなら、**客観的事実に基づいた順位付け**にしましょう。「売上高」「販売数」「販売開始からの年数」「人口カバー率」「第三者の顧客満足度調査」「特定成分の含有率」「在籍スタッフ数」「店舗数」「登録会員数」「1回あたりの単価」など、その商品の優位性を示す客観的な指標はいくらでもあります。その商品が1位になる指標を選んで、ランキングを作ればいいわけです。

企業のサイトでそうした情報が公開されていなければ、ASP経由で広告主からデータを手に入れてランキングを作ることです。それは紛れもなく、あなたが取材で作り上げたオリジナルコンテンツとなります。

4-9

広告主に会う

Chapter4

アフィリエイト業界の座組

　ASP担当者と無事会って話せたら、次は広告主との打ち合わせにも挑戦してみましょう。

　アフィリエイト業界では、スポンサー企業と、そのスポンサーから業務委託されている広告代理店を指して「クライアント」と呼ぶことが多いのですが、ここではどちらもまとめて「広告主」と呼ぶことにします。

　一般的には、会社の規模や予算が大きい場合、広告運用のプロである広告代理店が間に入って、スポンサーとASPの橋渡しをしています。逆にそれほど大きな会社や案件でない場合は、スポンサーのマーケティング担当者が直接ASPとやり取りしていることもあります。

　アフィリエイターとぜひ会ってみたいという広告主もいれば、面倒だしそんな必要はないという広告主も珍しくありません。アフィリエイトに対する温度や姿勢は様々です。

図 4-9-1　広告主と ASP の関係

　アフィリエイターと広告主はASPを通した間接的な業務提携関係であり、直接の契約を交わすわけではありませんが、ビジネスパートナーとして同じ座組に加わっていることは確かです。したがって、アフィリエイターには広告主を正しく評価し、誰と深く付き合うべきかを判断する権利と責任があります。

　自分は広告主とは関係のない外部の人間だという、他人事のような意識でいるアフィリエイターも多く見られますが、それは誤りです。事業者として販促活動に加わっていることを認識しておきましょう。

良い広告主を選ぶために
打ち合わせをする

　アフィリエイターがビジネスクラスの報酬を得られるようになってくると、付き合う広告主を選びたがる傾向が強くなってきます。それまでは生活のためと割り切って無感動にサイトを作ったり宣伝したりしていた人でも、収入に余裕ができると鬱積した不満が噴き出し、「本当はこういう広告主の商品を扱いたかったんだ」という自我が芽生え始めるのです。

　アフィリエイターを数字製造マシーンとしてしか見ていない、お金だけの付き合いに終始している広告主は、この時点で候補から外れてしまいます。アフィリエイターの間でこうした広告主の噂話は常に流れていて、「あそこは担当者の対応が悪いし承認率も低くて信用できない」「あそこはアフィリエイターを大事にしてくれるし気前もいい」という口コミは定番の話題です。

　相手が信頼できる広告主かどうかを見極めるためにも、ある程度コンスタントに報酬が取れている案件に関しては、広告主とも面談をしてみましょう。目安としては、**特別条件を申請できるくらいの実績**があれば良いと思いますので、ASP担当者に相談してみてください。

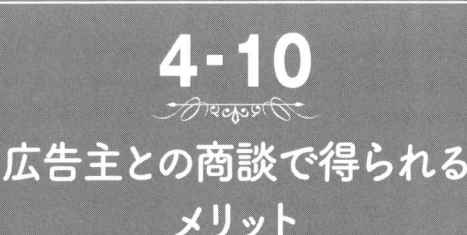

メリット1：データを早く正確に
仕入れることができる

　広告主と打ち合わせを行うと、提携しているアフィリエイトサイトから集まる統計情報や全体的な傾向はもちろんのこと、未公開情報や内部資料を手に入れることもできるようになります。販促に活用できるデータや資料を入手できれば、ネットの「まとめ」記事に比べてオリジナリティで格段に有利です。

　担当者と直接連絡を取ることができるようになれば、質問や依頼も送りやすくなりますし、レスポンスに要する時間も短く済みますからいいことづくめです。

　ただし、ASPによってはアフィリエイターと広告主が直接やり取りするのを規約で禁止している場合もありますので、トラブルにならないようASP担当者に確認してください。

メリット2：アフィリエイターの意見や都合を知ってもらえる

　広告主とASP担当者との違いは、広告主はアフィリエイトについてそれほど詳しくないという点です。

　広告主にとって、アフィリエイトは数ある販促手段の1つに過ぎず、担当者がサイトの裏側まで深く理解しているケースは多くありません。ましてアフィリエイトサイトの制作経験があるような広告主はほとんどいないと考えられます。

　ですから、**アフィリエイターが広告主に対してまず行うべきは、特別条件の交渉ではなく、アフィリエイターという職業についてよく知ってもらうことなのです。**

　広告主担当者も人間ですから、よく知らない相手をいきなり信用して内情を曝け出し、悩み事について相談するようなことはありません。あなたの人間性や事業方針を見た上で、ビジネスパートナーに値すると伝わって初めて対等に接してもらえるようになります。

　また、広告主担当者が協力したいと思っていても、アフィリエイトのことをよく知らないため、アフィリエイターがどんな情報や対応を求めているか分からずに棚上げしてしまっているケースもよくあります。サイトでこういう施策を打つためにこういう資料が欲しい、こういう協力をお願いしたいと直接伝えることができれば、相手からの施しをただ待つよりもずっとスムーズに広告主が持つリソースを活用することが可能です。

メリット3：アフィリエイト以外の
業務へ発展する場合がある

　あまり多くありませんが、あなたのスキルや意向次第で、アフィリエイト以外の商談に結びつくことがあります。

　例えば、広告主のLP制作を委託されることもありますし、アフィリエイト運用のコンサルティングや社内研修を頼まれることもあります。広告主がオウンドメディアを運営しているなら、契約ディレクターやスポットのライターとして参加することもできます。**担当者とのパイプさえ手に入れば、「Webサイトを収益化するプロ」という立場でどんなビジネスでも提案できるのです。**

　あなたが経営の安定化を目指してアフィリエイト以外の業務も行いたいと考えた場合、こうした企画書を持って知らない会社へ飛び込み営業するのは並大抵のことではありませんが、担当者が会社のドアを開けてくれるのであれば話は非常に早くなります。窓口担当者だけでなく、その上役とも顔なじみであれば尚更で、その場で仕事がポンと決まることもよくあります。

　PCに向かって作業しているだけではなかなか味わえない、ビジネスの醍醐味と言えるかもしれません。

4-11
広告主との初めての打ち合わせガイド
Chapter4

広告主が会ってくれやすい条件

　アフィリエイターが広告主に会いに行って何を話せばいいのか、全くイメージできない人もいることでしょう。

　広告主はASPと異なり、扱う商品のジャンルやプロモーション方針が多彩ですから一概にマニュアル化できない部分もありますが、ここでは商品サンプル提供のお願いをしに行く場合を想定し、準備から当日までを解説したいと思います。

　多くの場合、巨額の報酬を得ている大手サイトでなくとも広告主は会ってくれます。**大切なのは継続力や今後の伸びしろで、要するに会っても無駄にならないと感じてもらえるかどうか。**あなたのキャリアが浅くても前月比で何倍にも獲得件数が伸びているような場合は協力が得やすいでしょう。

　また広告主は広告主で、アフィリエイターと会って何を話せばよいのか分からず不安に感じているものです。下手な対応をしたらネットで悪口を

書かれるのではないか…などと過剰に警戒しているケースもありますので、そういった不安を払拭すべく、まずは礼節を弁えた申込書を送りましょう。

図 4-11-1　広告主が会ってくれやすい条件

この時、ASP担当者が「このアフィリエイターさんは変な人ではありませんから大丈夫ですよ、きっと御社の利益になりますよ」と後押ししてくれるのがベターです。普段の人間関係が、ここでも効果を現します。

残念ながら、一応アフィリエイト出稿はしているけれどもあまり積極的でない、ASPに丸投げして後はお任せという姿勢の広告主も少なからずいます。こうした広告主にはいくらアプローチしても、まずドアを開けて

もらえませんので、無駄な努力にならないよう先にASP担当者にヒアリングするのを忘れないでください。

打ち合わせの申し込み

　基本的に、広告主とのやり取りはASP担当者を通して行います。面談の希望日程をいくつか提示し、相手の都合で選んでもらいましょう。

　場所は広告主のオフィスかASPのオフィスになると思いますが、これも相手に合わせます。企画書や質問事項については、可能な限り事前にまとめて送っておきます。

　おさらいですが、アフィリエイト広告の座組には多くの人が参加しています。アフィリエイター、ASP担当者（メディア側）、ASP担当者（クライアント側）、広告代理店、スポンサーといった方々です。全ての情報がこれらの人の手をいちいち中継して伝わっていくわけですから、伝言ゲームによるミスが起こらないよう、**口頭やメールのベタ打ちではなく、最初から文書で発信するのが効果的**です。

　また、書面での発信は伝達ミスを防ぐ他に「ちゃんとビジネスしている感」を演出することができます。実利的にはどうでもいい話ではありますが、アフィリエイターは世間一般に素性が知れない、いいかげん、無責任といったイメージが先行していますから、少しでもそれを取り除くことができれば儲けものです。

　連絡は多くの人を経由するため、レスポンスにはどうしても時間がかかることも考慮してください。しつこく催促するのは禁物です。

打ち合わせの準備

　広告主にとってアフィリエイターは「未知の生物」です。電車に揺られて通勤しているごく普通の会社員が、日常生活で専業アフィリエイターと会って話す機会はほとんどありません。

　最初の打ち合わせではその事実を念頭に置き、まず自分が何者で、どういう体制で業務に取り組んでいるか、アフィリエイターという職業の正体を明らかにすることが肝心です。

　そのためにまず、運営サイトの媒体資料や事業の概要は必須となります。あなたのキャリアも簡単に載せておくと良いでしょう。会社や自営業者としての公式サイトを作り、そこに一通りの説明を載せておくのも有効です。この機会に名刺も用意しておきましょう。

　次に、本丸となる施策の提案準備です。

　本書では何度も繰り返していますが、**商談には「相手のメリット」の提示が必須です**。「特単ください、試供品ください、宣材ください」という一方的なおねだりをしていては呆れられてしまいます。

　商品サンプルを提供してもらうことで、試用レポートを◯本追加できる。検索ボリュームやユーザーアクティビティから考えてPV◯◯程度の流入が予想され、サイトの実績CVRに照らすと月◯件の成約が見込まれる。（本音：だから、商品サンプルが欲しい）

商品の開発スタッフにインタビュー取材をさせてもらえれば、公式サイトには載せにくいカジュアルなテイストで商品の魅力や開発ストーリーを伝えることができる。比較サイトやランキングサイトで商品名を知り、さらに深い情報を求めている消費者の購入を後押しする説得材料となる。（本音：だから、スタッフにインタビューさせて欲しい）

こうした建前を準備しておくことで、商談はスムーズに進むようになります。当日いきなり提案するのではなく、事前に書面で見せておくことで、あらかじめ社内の調整をしてくれるかもしれません。

打ち合わせ当日

ここまできちんと準備をしておけば、当日慌てることは一切ありません。時間前にASP担当者と合流して、軽く段取りを確認しておきます。

事前に提案書などを送付していても、残念ながら忘れられていたり、忙しくてよく読んでくれていないことも多いです。予備として、プリントしたものを何部か鞄に入れておきましょう。

広告主と名刺交換をして着席したら、最初に日頃のお礼を延べ、今日の打ち合わせの目的を伝えます。基本的には自分がペースをリードするつもりで、今からこういう話をさせていただきたいのですがよろしいですか、と確認しながら進めていけば問題ありません。

稀に、ここまで来てもお客様気分が抜けず、広告主が至れり尽くせりで社会科見学の高校生を相手にするようなノリを期待しているアフィリエイターがいるそうです。座ったままじっと待っているだけで、広告主も困惑してしまったというような話をたまに耳にしますので、そんなことにならないよう留意してください。

無事に商談がまとまればよいのですが、一旦預かりになるケースも多くあります。その際は大体いつ頃までに返事がもらえそうか確認して、落ち着いて待ちましょう。

打ち合わせが終わった後は、その日のうちに御礼のメールを送ります。気合の入った営業マンは商談後に帰る途中で手書きの御礼状をポストに投函するのが常套手段ですが、その辺りはあなたの感覚にお任せします。

大きな提案がなくても、たまには顔を見せに行く

広告主を一度訪問して終わりではありません。いつも大きな提案や企画があるとは限りませんが、**親近感はコミュニケーションの頻度に比例し**ますので、会社が近くであれば1〜2ヶ月おき、遠方でも半年に1回くらいは広告主に会いに行って、情報交換の場を持つのもよいと思います。

改まった打ち合わせでなくとも、ランチを一緒するだけでもいいですし、日頃の御礼と称して宴席を設けるのもいいでしょう。会ったら会ったで、必ず何か新しい話はあるものです。取引先と仲良くしておくのはアフィリエイト業に限らず、他のあらゆる仕事と共通する基本中の基本です。

しばらく関係を放置してしまうと気軽に話を切り出しにくくなってしまうため、特に用事がなくとも情報提供や質問を定期的に送っておくのがコツです。

人間を相手に
ビジネスしていることを意識する

この章では、ASP担当者や広告主の担当者とどのようにコンタクトを取り、何を話せば成果に繋げやすいのか説明してきました。

管理画面の数字だけを見ているとつい忘れがちになりますが、アフィリエイターが報酬を得るまでには多くの関係者が目に見えないところで営業努力を重ねているのです。決して、自分だけの力で報酬を手にしているわけではありません。

「取引先の担当者と一緒に数字を作る」というビジネスの基本はアフィリエイトでも同じです。自室でPCに向かうだけでなく、時には外へ出かけて担当者と情報交換するのも、極めて有効な営業活動なのです。

Chapter5
ASP・広告主の本音
―月100万円稼ぐアフィリエイターは
どこが違うのか?

5-1
ASP担当者の
働き方
Chapter5

前章では、ASPや広告主の担当者とどのようにコミュニケーションを取ればアフィリエイトの報酬に結びつくのかを説明してきました。

さらに本章では、実際にASPや広告主の担当者にお会いして、匿名を条件に本音を聞いてきましたので、彼らが普段どのようなことを考えてアフィリエイターと接しているのか、成果を伸ばすために私たちがどうすれば良いのかについて見ていきましょう。

──── ケース① ────
「勤務歴5年のASP担当者：Aさん」の場合

120人のアフィリエイターを担当する

齊　藤：今さらですが、ASPのお仕事を簡単に説明するとどんな感じでしょうか？

Aさん：ASPは、商品を売りたい広告主さんと、広告を載せたいサイト運営者さんを繋いで橋渡しをする会社です。広告提携や成果報酬の決済がスムーズに行えるようシステムを提供して、より成果が増えるように両者をサポートするのが私たちの主な仕事ですね。

齊　藤：今は何人くらいのアフィリエイターを見ていらっしゃいますか?

Aさん：たまにメールで連絡するような方から定期的にミーティングしている方までを含めて、大体100〜120人くらいを担当しています。

齊　藤：普段はどんな業務に時間を割いているんでしょうか?

Aさん：一番多いのは、メールやチャットでの問い合わせに対する返信や業務連絡です。アフィリエイターさんに対してもそうですし、社内でもクライアント担当との調整がすごく多いです。

アフィリエイターの報酬が
担当者の売上になる

齊　藤：そういったお仕事を通して、Aさんは会社からどんな成果を求められているんでしょうか?

Aさん：広告主さんから入ってくる広告報酬がASPの売上になりますので、これが最大の成果目標ですね。そこから手数料を引いて、残りを報酬としてアフィリエイターさんにお支払いするわけです。

齊　藤：それだと、SEOで月100万円の報酬を取るサイトより、リスティング出稿して月1000万円の報酬を取るようなサイトの方が、ASPにとっては嬉しいということになりますよね？

Aさん：それが今はそうでもなくて、弊社では**成果の質**も重視しています。

齊　藤：成果の質ですか？

Aさん：例えば丁寧なコンテンツを作って商品のブランド価値を高める手助けをしたり、優良なユーザーを送客したりできるサイトを作れば、広告主の満足度もそれに応じて高まります。

Aさん：もちろん報酬額の大小も無関係ではありませんが、そのサイトがどういう姿勢や取り組みで報酬を得ているかという、内訳も見ています。リスティングで大きな数字を出しているサイトに対して、SEO主体のアフィリエイターさんが萎縮する必要はありませんよ。

5-2
ASP担当者から見た
アフィリエイター
Chapter5

―――― ケース① ――――
「勤務歴5年のASP担当者：Aさん」の場合

報酬額だけでなく、
パートナーシップにも注目している

齊　藤：担当しているサイトがたくさんあると、Aさんの中で「この人は
　　　　優先対応、この人はそうでもない」という区切りも出てくると思
　　　　いますが、報酬額で言うとどの辺が「ASP担当者から大事にして
　　　　もらえる」境目なんでしょうか。

Aさん：弊社では報酬額でいくらという明確な基準を設けていませんが、
　　　　確定報酬で月50万円くらいが優先的なフォローの目安にはな
　　　　るかもしれません。しかし個人的には、報酬額だけで態度を変え
　　　　るのは避けたいと思っています。それよりも、ちゃんとコミュニ
　　　　ケーションが取れるとか、やる気に溢れていて報酬を増やそうと

頑張ってくれる、こちらがお願いしたことをすぐにやってもらえるといった、**数字以外の部分でフォローの温度感は変わってきます。**

齊　藤：ビジネスパートナーとして付き合えるかどうかですね。

Ａさん：その通りです。

謙虚に新しいことに挑戦する
アフィリエイターが伸びる

齊　藤：成績がグングン伸びるアフィリエイターと、あまりパッとせずに消えていくアフィリエイターは、どこが違うのでしょう？

Ａさん：常に新しいことに挑戦する人が伸びていますね。新規のサイトを次々に作ったり、同じサイトでも時代に合わせてコンテンツの切り口を増やしたり、謙虚に事例を学んで取り入れていこうとするメディアが成長して生き残っているように思います。

齊　藤：そういうメディアは、やはりASP担当者との連携もちゃんと取れている？

Ａさん：そうですね。その方が伸びやすいのは確かです。

質問や依頼は歓迎、
ただし行動に移して欲しい

齊　藤：ASP担当者から見て、どんな質問や依頼をしてくるアフィリエイ
　　　　ターには親切にしてあげたいと思いますか？

Aさん：質問や依頼の内容は何でも嬉しいのですが、返事をした後に、
　　　　ちゃんと行動に移してくれると助かりますね。聞くだけ聞いて何
　　　　もしないというのが続くと困ります。僕が分からないことは、他
　　　　の担当者やクライアントにお願いして情報を持ってきています
　　　　から、彼らにも迷惑がかかります。

齊　藤：時間を無駄に使わせないで欲しいということですよね。

Aさん：無駄になるだけではなく、広告主から見た印象が悪くなると特別
　　　　条件を通しにくくなることもあります。更にはアフィリエイター
　　　　全体の印象も悪化するので、避けて欲しいですね。もし何もでき
　　　　ない場合は、一言その理由を説明していただけると助かります。

報酬の釣り上げ行為は嫌われる

齊　藤：他に困ったアフィリエイターというと、どんな人がいますか？

Ａさん：頻繁に報酬の釣り上げ交渉をしてくる人ですね。これは広告主さんが非常に嫌がりますし、アフィリエイト業界全体の信用を大きく損ねます。

齊　藤：アフィリエイターとしては、正当な要求として特別条件を希望する機会もあると思いますが、「特別条件の申請」と「釣り上げ」はどう違うんでしょうか？

Ａさん：広告主さんにも予算上限があって、いくらまで特別単価が出せるというリミットは我々も把握しています。アフィリエイターさんにもそれをお伝えしているわけですが、予算を無視して大きく上回る額をふっかけるとか、毎回のように価格交渉を持ち出してくるケース、あとは単価を上げないと広告を外すといった脅しのような言い方ですね。

Ａさん：**これまでノーマルの報酬だったけれども、件数が伸びて特別単価が欲しいから申請したい、というのは全く問題ありません。**困るのは、実績がないのに最初から特別単価が欲しいと言ってくる方や、既に特別条件が出ているのにもっと上乗せして欲しいと頻繁に言われる場合です。これだと、広告主に納得の行く理由を説明できませんので。

齊　藤：広告主の利益を提示して、そのために予算が欲しいから特別条件を認めてくれという建前が必要ですよね。

Aさん：そうです。またアフィリエイト塾などで特別条件の存在を知って、初心者が最初から特別条件を希望することもありますが、実績や信用がないと簡単には行きませんので、まずは標準単価で実績を出していただいた方がいいと思います。

5-3

ASP担当者として
アフィリエイターに望むこと

Chapter5

——— ケース① ———
「勤務歴5年のASP担当者：Aさん」の場合

広告主の都合をもっと
想像して欲しい

齊　藤：ASP担当者の仕事について、アフィリエイターにもっと理解して欲しいと感じることはありますか？

Aさん：私たちの業務内容というよりは、**広告主の立場や事情を想像して欲しい**ですね。予算とか、会社組織の都合のことです。

齊　藤：アフィリエイターって、そもそも広告業界の仕組みやお金の流れを理解していないことが多くありませんか？

Aさん：多いと思います。特別条件にしても、私が決定権を持っているよ

うに誤解している人が結構いますね。

齊　藤：アフィリエイターがいて、ASPがいて、広告代理店が何社か入って、その後にようやく広告主が出てくる。こういう基本的なことですら、誰も教えてくれないんですよ、アフィリエイターの世界って。

Aさん：巷のアフィリエイトセミナーとか書籍だと、表面的なサイト制作のテクニックがメインじゃないですか。齊藤さんみたいな人がもっと積極的に情報発信していただけると助かるんですが。

齊　藤：うわ、これは藪蛇でしたか（笑）

とにかく担当者とコミュニケーションを取って欲しい

齊　藤：これからビジネスクラスを目指そうとするアフィリエイターは、ASPの担当者とどう付き合っていけば報酬アップに結びつくんでしょうか？

Aさん：とにかくコミュニケーションを取って頂きたいです。問い合わせでも打ち合わせでも大歓迎です。
　　　　あとは仕事の話だけじゃなく雑談も大事だと思います。一緒に飲みに行ったりして、互いの人間味が分かっている方が、情報提供や意思の疎通がスムーズになりますよね。

齊　藤：アフィリエイトだからといって特別なことはなくて、結局人と人
　　　との繋がりを大切にして仕事をやりましょうということですか。

Aさん：はい。その通りです。

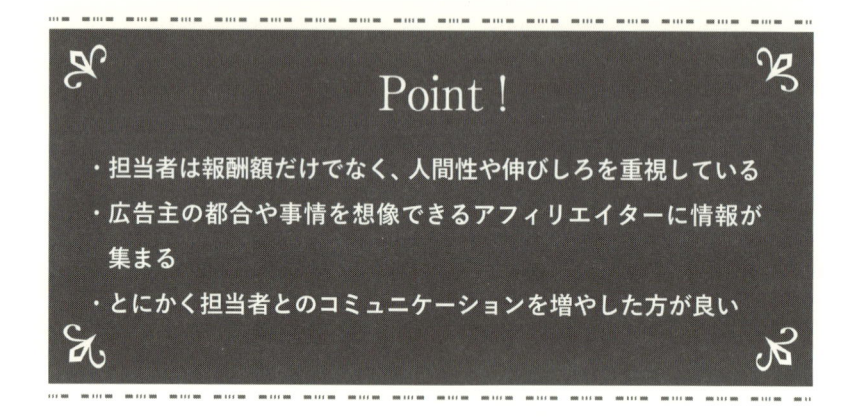

Point !

・担当者は報酬額だけでなく、人間性や伸びしろを重視している
・広告主の都合や事情を想像できるアフィリエイターに情報が
　集まる
・とにかく担当者とのコミュニケーションを増やした方が良い

5-4
伸びる
アフィリエイターとは
Chapter5

目的が定まっている
アフィリエイターが伸びる

齊　藤：BさんとCさんは、同じ部署でお仕事をされているんですよね。

Bさん：はい、SEO中心で活動しているサイト運営者さんのサポートをしています。

齊　藤：今は何人くらいのアフィリエイターをご担当されていますか？

Bさん：私は200から250人くらいで、Cは150人くらいだと思います。

齊　藤：たくさんのアフィリエイターを見てきたと思いますが、伸びるアフィリエイターはどこが違いますか？

Cさん：ジャンルの市場規模や報酬率をちゃんと分析して、稼げるかどうか見定めてから、ピンポイントで小規模なサイトを手早く作っている人が成果は出やすいと思います。

　　　　無計画に自分の興味だけでサイトを作ったり、いきなり大規模メディアをやろうとしたりすると、ターゲットやコンセプトが決まらないので高額報酬は難しいかもしれません。

Bさん：貪欲に情報を取りに行っている人がいいですね。新規案件とか、売れている商材、ASPが今おすすめしているジャンルなどをどんどん吸い上げている人は伸びます。

　　　　あとは、目的意識が強くて「絶対に3か月後に100万稼いで独立する！」と宣言しているような人とか、本当にいい商品だから周囲に広めたいという使命感を持っているような、意志がはっきりしている人も強いです。

　　　　それと、ビジネスパートナーですからちゃんと連絡が取れて、修正依頼などにすぐ応じてくれるような信用も大切だと思います。

良いミーティングのためには
情報開示が重要

齊　藤：パートナーとして認めてもらって、ASP担当者とミーティングを
　　　　するメリットはどういった点にありますか？

Cさん：私たちからすると、週40時間しかない営業時間のうち、1時間と
　　　　か2時間をそのミーティングに使うわけですよね。準備も入れた
　　　　らもっとかかります。ですから、当然それに見合った利益をア
　　　　フィリエイターさんから出してもらおうという意欲は、私たちも
　　　　強く持っているわけです。
　　　　その上で、メールやチャットでは言えないような細かいことや内
　　　　緒の話もお伝えできますから、打ち合わせのメリットはかなり大
　　　　きいと思います。
　　　　私たちも人間ですので、一度お会いした人にはサポートを手厚く
　　　　したいと感じることもあります。

Bさん：どんなに仲良くなった方でも、サイトの内情についてはこちらで
　　　　把握しきれていませんので、**ミーティングに際しては運営サイト
　　　　の近況や困っていることを簡単にでもまとめていただけるとス
　　　　ムーズです。**
　　　　事前にそういう情報を共有いただければ、具体的な提案が出せま
　　　　すし、他のASPの方が対応が良いといった不満があれば教えて
　　　　いただければ、こちらも発奮するかもしれません。

齊　藤：良いミーティングにするためには、こちらも情報開示しなければ
　　　　ならないということですね。

Ｃさん：情報開示は大事です。SEOの順位とか、他のASPを含めどの商
　　　　品で何件取れているとか、そういう情報は絶対にあったほうがい
　　　　いです。その方がこちらもテンションが上がりますし、提案が的
　　　　確になります。

齊　藤：ちなみに、ビジネスパートナーとして信用されない例は、どんな
　　　　感じなんでしょう？

Ｂさん：多いのが、名前もサイトも分からない人から「売れてるキーワー
　　　　ド教えてください」とだけメールが来たりする例です。何百人と
　　　　担当していますので、普段疎遠な方からいきなりメールや電話が
　　　　来ても、「この人は誰なんだろう」と困ることもよくあります。簡
　　　　単でもいいので、サイトの近況は必ず添えて欲しいと思います。

5-5
特別単価をスムーズに 通すためには
Chapter5

━━━ ケース② ━━━
「勤務歴6年のASP担当者：Bさん」と 「勤務歴1年のASP担当者：Cさん」の場合

特別単価の交渉の流れ

齊　藤：特別単価の申請から決定までは、どのような流れになっているん
　　　　ですか？

Bさん：アフィリエイターさんから特別単価の申請があった場合、我々担
　　　　当者から広告主もしくは広告代理店へ提案します。それで相手が
　　　　OKを出してくれれば、特別単価となりますね。

齊　藤：申請時にどうやったら特別単価が通りやすいんでしょう？

Cさん：代表的なのは、露出を増やすための施策と合わせての提案です。

もっと目立つ位置に商品を掲載するとか、体験記事を何本追加するとか、そういった広告主にとってのメリットを示してあげることで、相手が納得しやすくなります。

Bさん：意外と勢いや心意気も大事ですよ。月50件絶対取ります！そのために死に物狂いでやります！と強く迫られたら、その覚悟を汲んで広告主に提案したいと思うこともありますね。

齊　藤：「施策」や「提案」と言われてもピンと来ないアフィリエイターも多いかと思いますが、立案を手伝ってもらうことはできますか？

Bさん：もちろん大丈夫です。広告主によっても色々と考え方の違いがありますので、まずは近況や今後の方針を教えていただいて、それを見ながら一緒に提案を考えていくのがベターかと思います。

LTVを高めるための工夫

齊　藤：件数と送客の質は、どちらが重要でしょうか？

Bさん：月の承認件数が同じ50件のサイトが2つあったとして、片方はLTVが高くてリピート販売も取れている、もう片方はお試しでしか購入しないユーザーが多いとなったら、当然サイトの評価は分かれますし、特別条件を出せるがどうかも違ってきます。**最近は件数より質を重視する広告主が増えている**と思いますよ。

齊　藤：送客の質やLTVを高めるには、我々は何ができるでしょうか。

Ｂさん：激安、コスパ、セールといった値段で訴求しているような場合だ
　　　　と、期待できるユーザーの購買力は下がります。その代わり、件
　　　　数は出ますが、特別条件の提案は厳しくなる場合も多いです。広
　　　　告主さんが十分に利益を取れないので。

Ｃさん：嘘を書いたり誤認させたりして商品をよく見せるのは、絶対にや
　　　　めてください。商品が届いて期待した内容と違ったら返品します
　　　　からね。これはLTVの面では最悪ですよ。

齊　藤：そうすると、このサイトから来るユーザーはキャンセルや返品が
　　　　多いとか、LTVが低いという傾向が見えてしまう？

Ｃさん：そうです。嘘は書かず、ユーザーが良い点や悪い点を含めて納得
　　　　した上で購入してくれるようなコンテンツを作るのが、LTVを
　　　　高めるコツだと思います。

5-6

成果を出すために
必要な考え方

Chapter5

━━━━ ケース② ━━━━
「勤務歴6年のASP担当者：Bさん」と
「勤務歴1年のASP担当者：Cさん」の場合

一方的な主張ではなく
コミュニケーションを

齊　藤：アフィリエイターは、ASPの担当者とどのように付き合っていけ
　　　　ば、ビジネスクラスの成果につなげて行けるんでしょうか？

Bさん：お金や数字の話だけを一方的に主張されるのではなく、こちらや
　　　　広告主の都合も汲んでいただけたりすると、色々とスムーズに行
　　　　くと思います。
　　　　コミュニケーションが円滑なら追加の提案や特別条件の話も出
　　　　ますが、こちらの都合を無視した振る舞いをされると、私たちも
　　　　人間ですから、親身な対応からは遠ざかる部分も出てきますね。

Cさん：近況や困ったことを情報開示して欲しいと思います。その上で質問や依頼を投げていただければ、必ず役に立つ提案はできます。

Point！

- 情報開示を心がけると、担当者のサポートが手厚くなる
- 特別条件の申請は担当者に相談して、広告主への提案を練ると良い
- 一方的な要求や主張ではなく、相互のコミュニケーションが大切

ケース③

アフィリエイト広告主である
「美容関連企業のSEM担当者：Dさん」の場合

SEOや広告運用を担当して、
アフィリエイターのフォローも行う

齊　藤：Dさんは、普段はどんなお仕事をされているんでしょうか？

Dさん：弊社が運営している美容関連企業の、公式サイト管理ですとか、アフィリエイトやリスティング広告の運用を担当しています。

齊　藤：会社からはどういう指標で成果を求められているのですか？

Dさん：アフィリエイトでは獲得件数と、メディアへの掲載数ですね。私達が狙っている検索ワードで上位にいるサイトに掲載してもらうことが目標です。

5000人中1人しか
打ち合わせしていない理由

齊　藤：今は何人くらいのアフィリエイターと提携しているんでしょうか？

Dさん：5000人超です。そのうち、月1件以上の成果が出ているのは100人くらいですが、定期的にお会いしているのは1人だけです。

齊　藤：提携5000人中で1人だけですか？

Dさん：はい。現場見学の時に軽く打ち合わせするようなことはありますが、弊社の会議室へ打ち合わせのために来ていただいているのは1人だけですね。

齊　藤：その1人に関して、Dさんはどういった基準で選んでいるんでしょうか。ものすごく件数が多いからでしょうか？

Dさん：いえ、**件数や規模は関係ありません**。これまで他ジャンルでやってきて、これから美容ジャンルでサイトを作りたいといった方でも、私たちにお手伝いできることがあればお会いしますよ。

齊　藤：ということは、ほとんどのアフィリエイターは打ち合わせの申し込みをしないから会っていないというだけですか？

Dさん：そうなりますね。実績がないから門前払いにしたりはしません。どなたでもウェルカムです。

齊　藤：まずはアプローチして来て欲しいと。

Dさん：はい。普段は打ち合わせの依頼はほとんど来ないものの、取材で実際にお会いしたアフィリエイターさんからはバンバン質問が来るので、そんなに聞きたいことがあるなら普段から連絡してくれればお答えするのになと、少し不思議というか、残念に思っています。質問や依頼は、気軽に送っていただければ嬉しいですね。

5-8

広告主から見た
アフィリエイター

Chapter5

―――― ケース③ ――――
アフィリエイト広告主である
「美容関連企業のSEM担当者：Dさん」の場合

広告主もアフィリエイターのことが
よく分かっていない

齊　藤：アフィリエイターと付き合う中で、難しいと感じることはありま
　　　　すか？

Dさん：他ジャンルで活躍されているアフィリエイターさんから、もっと
　　　　こうなりませんかと依頼や提案をいただくことがありますが、業
　　　　界によって慣習が大きく違っているようなんですよね。それで
　　　　我々の常識とちょっとズレが生じたりすると、相手の方が何を望
　　　　んでいるのか上手く汲み取れないことがあって、勉強不足を痛感
　　　　します。

齊　藤：アフィリエイターが何を考えて仕事をしているか分かりにくいので、広告主さんとしても良い提案が出しにくいのでしょうか？

Dさん：そうですね。もっと互いに情報開示をして、どんなことを考えながら仕事をしているのか分かっているほうが、スムーズな取り組みができると思いますね。

愛情を持ってコンテンツを作る
アフィリエイターが稼いでいる

齊　藤：アフィリエイターが広告主に直接お会いして打ち合わせをするメリットは、どこにあると思いますか？

Dさん：広告主からすると、「会ってお話ししたいです！」という意思表示をされて不快に感じることは少ないと思うんです。熱心なアフィリエイターさんだなと感じますし、やっぱり人間ですから顔も知らない相手よりは会って話したほうが、その後も色々とやりやすいですよね。情報を早めに流してあげたり、特別条件を出してあげたいとか、成績が落ちて困っていたら助けてあげようとか、そう思うじゃないですか。

齊　藤：打ち合わせの有無とは別に、件数が出ているサイトとそうでないサイトの違いは、どんなところだと分析されていますか？

Dさん：商品に「愛」を持ってコンテンツを作っているかどうかではない

でしょうか。何人かの有力なアフィリエイターさんから「自分が納得できない商品は紹介しても苦しいだけ」と聞かされたことがあります。愛情を持って取り組むというのはSEO業界で最近よく言われることですが、**実際に我々の商品を気に入って熱心に紹介してくださっているサイトからは、成果が出ている傾向で**すね。

Dさん：逆に、儲かるらしいぞと噂を聞きつけて売ること一辺倒のサイトを作っている方は、瞬間的には成果が出てもすぐサイトが飛んでしまったり、強気な報酬の釣り上げ交渉でこちらが嫌になってしまったりして、あまり長続きしない印象を持っています。

齊　藤：なるほど。サイト運営にも人間性が必要なんですね。

Dさん：そうですね。有力なアフィリエイターさんは人間力というか、魅力のある人が多い気がします。逆に、いきなり特別単価とか固定費の交渉から入ってくるような失礼な人に限って、あまり力のないアフィリエイターさんだったりします。

齊　藤：その辺も含めて、ビジネスのセンスということなんでしょうね。ただ机でパソコンをいじってお金を数えるだけではなく、人を巻き込んで行くような積極性や行動力もあるというか。

Dさん：本当にその通りで、有力なアフィリエイターさんは人懐っこくて嫌味のない方が多いと感じますね。失礼な人は、大体成績も悪いです。

失礼なアフィリエイターとは
ビジネスにならない

齊　藤：実際、失礼なアフィリエイターは多いんでしょうか？

Dさん：結構いますよ。先日は「こんな報酬額では手間の割に儲かりません」と面と向かって言い出す人がいて驚きました。他には「コンテンツを作るための素材をください」とこちらに丸投げしてくる人もいますし、脅しとも取れるような条件交渉をしてくる方や、平然と報酬の釣り上げだけを要求してくる人もいましたね。

齊　藤：報酬が欲しいのは本音としては分かりますが、もうちょっと言い方があるだろうと。

Dさん：ちょっとした言い回しとか聞き方ですよね。**「御社の事業に貢献するために何ができますか？」**というのが、BtoBの商談では基本姿勢だと思うんですが、その辺の常識がズレていて、お金のことしか言わない人がとても多いと感じます。それでは信頼関係どころの話ではありませんね。

5-9

特別報酬に
ついて

Chapter5

──────── ケース③ ────────
アフィリエイト広告主である
「美容関連企業のSEM担当者：Dさん」の場合

特別報酬の申請

齊　藤：特別報酬はぜひとも獲得したいのが本音なのですが、御社では
　　　　特別報酬を採用する、しないはどのように判断していますか？

Dさん：弊社ではテーブル制の特別単価を採用していまして、承認件数で
　　　　基準を超えた場合は、特別単価を認める方向で調整しています。
　　　　固定掲載費も可能ですが、弊社が戦略的に狙っている検索ワード
　　　　でのSEO順位やサイト品質、獲得件数を見て総合的に判断します。

齊　藤：やはり、固定費の方がジャッジは厳しくなりますか？

Dさん：もちろんそうですね。固定費ですと件数が出ても出なくてもお金を払うことになりますから、かなり厳しくチェックします。

齊　藤：特別報酬を取りたくて実績や予想を盛ってくるアフィリエイターもいると思いますが…。

Dさん：できるだけ正確な数字を出していただいた方がいいと思います。話を誇張してOKが出ても、実態が見合っていないとすぐに特別報酬が打ち切りになりますし、次回の申請も難しくなると考えてください。

齊　藤：毎月成果が出ているサイトが100個くらいというお話でしたが、そのうち特別報酬が適用されているサイトはいくつくらいでしょう？

Dさん：3～10サイトくらいですね。新しく申請が来たり、打ち切りになったりで毎月増減しています。

5-10

広告主が望むこと

Chapter5

ケース③

アフィリエイト広告主である「美容関連企業のSEM担当者：Dさん」の場合

商品を好きだと言われて気を悪くする広告主はいない

齊　藤：報酬を増やすために、アフィリエイターはどのように広告主と付き合っていくのが良いのでしょうか？

Dさん：結局は人と人の関係に行き着くということを、意識していただけたらと思います。アフィリエイトは相手の顔が見えず、お金や数字のやり取りだけに偏ってしまいがちですが、広告主側もアフィリエイターについて分からないことが山ほどあります。アフィリエイターさんが何を望んでいて、どうしたら喜んでもらえるのかを私たちに伝えて欲しいんです。

私たちがアフィリエイターさんにやって欲しいのは、公式サイトを補完していただくことです。公式サイトで商品を宣伝するのは当たり前ですが、第三者が公平に商品を使って比較した上で、やっぱりうちの商品がいいよねと言って欲しい。そこに労力をかけていただけるサイトであれば、私たちは決して冷たくしません。逆に、楽にコンテンツを量産して上手にキーワードを選び、SEOで勝ち上がって送客できたとしても、ありがたいことはありがたいのですが、心から信頼するのは難しいように思います。

齊　藤：アフィリエイトも人間の感情で動く部分が多いので、企業や商品の研究をして、愛着を持ってコンテンツを作れば広告主もそれを評価して様々な協力をしてくれると。

Dさん：はい。そう思いますね。

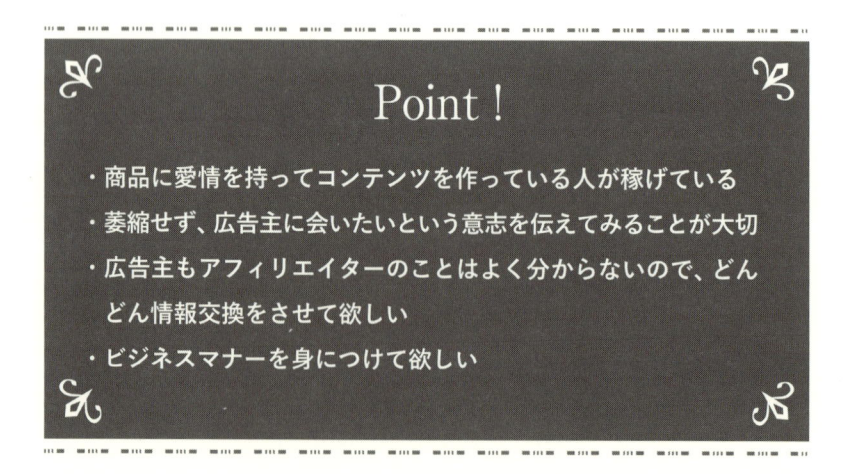

Point !

・商品に愛情を持ってコンテンツを作っている人が稼げている
・萎縮せず、広告主に会いたいという意志を伝えてみることが大切
・広告主もアフィリエイターのことはよく分からないので、どんどん情報交換をさせて欲しい
・ビジネスマナーを身につけて欲しい

どの担当者も異口同音に
「人間関係」を強調している

さて、本章ではASP担当者の方3名と、広告主担当者の方1名へのインタビュー内容をご覧いただいたわけですが、どなたも全く同じことを言っているのに気がついたでしょうか？

この取材から浮かび上がるのは、「**アフィリエイトだからと言って特殊な事情はなく、結局ビジネスの成否は人間関係で左右される**」というシンプルな事実です。

有力なアフィリエイターは人間性にも優れており、ビジネスマナーをわきまえ、謙虚な姿勢を崩さない。お金や数字の話ばかりグイグイ押し付けるのは低レベルの人がやることだ…といった話が出てきましたね。

数字や報酬を追い求めることも事業主として重要ですが、それだけではBtoBのビジネスに必要な視点が欠けています。

このインタビューで同じことが繰り返し強調されているという事実を、ぜひ心に留めておいてください。

毎月100万円以上の報酬を本気で狙う為の

【アフィリエイト】
上級バイブル

Chapter6
稼げば稼ぐほど重要になる、税金と法人化

誰も教えてくれない
税金のこと

Chapter6

学校では税金のことは教わらない

　私が個人事業主だった頃、セミナーでお会いしたアフィリエイターの方にこんな質問をされたことがあります。

　「齊藤さんは確定申告してるんですか？」

　私は質問の意図がよく理解できず、「ええ、してますよ」と答えたのですが、それに対してその方はこう続けたのです。

　「税金払うなんてもったいなくないですか？　私は確定申告はしていませんよ」

　あっ、これは関わってはいけない相手だと思って早々に退散したのですが、残念ながらこういった方はアフィリエイト業界にゴロゴロしています。

　しかし、考えてみればおかしなものです。私が自分の学生時代を振り返ってみて、義務教育から高校・大学に至るまで、税金や確定申告について教わる機会はおそらく一度もありませんでした。

　アルバイトをしている時も源泉徴収票の意味なんて知りませんでしたし、会社員になっても大して変わりません。独立開業して初めて所得税の

ことを勉強したようなものです。副業でアフィリエイトサイトを運営している方が、納税に対する知識や意欲が希薄でも無理からぬことで、本人だけの責任とは言い切れないのではないかなと思います。

図 6-1-1　アフィリエイターに必要な税金や保険の知識

とは言え現実としては、アフィリエイト業で継続的に収入を得ているならば確定申告をして収入や所得を明らかにし、それに見合った税金を払う義務があります。誰も教えてくれないのに、ちゃんとマスターしていなければならないのが国の制度の恐ろしいところです。

確定申告について詳しく説明するとそれだけで1冊の本になってしまいますので詳細な解説は専門書に譲りますが、本書ではアフィリエイターにとって重要なポイントに絞って紹介します。

6-2
アフィリエイトで確定申告が必要になるケース
Chapter6

ビジネスクラスなら確定申告は必須

　個人のアフィリエイターが確定申告を必要とされるケースは、大きく分けて次の2パターンです。

> ①専業アフィリエイターで、年間38万円を超える所得がある
> ②他で給与をもらっていて、アフィリエイトで年間20万円を超える所得がある

　「所得」は、報酬額から経費を引いた儲けのことです。あなたのサイトの収入や経費の内訳はあなたしか知りませんから、自分で帳簿につけて利益を計算し、各種の控除を引いて確定した所得を税務署へ申告して、1年の最終的な儲けに見合った税金を自主的に納めるようになっているわけです。

　アフィリエイトサイトの運営にも様々な必要経費がありますが、それを差

し引いて手元に一定の所得が残っていれば税金が発生し、確定申告が必要になります。**専業アフィリエイター（主婦も含む）で他に仕事がなければ38万円、サラリーマンで給与収入がある場合は20万円がその目安です。**

図 6-2-1　アフィリエイト報酬と所得

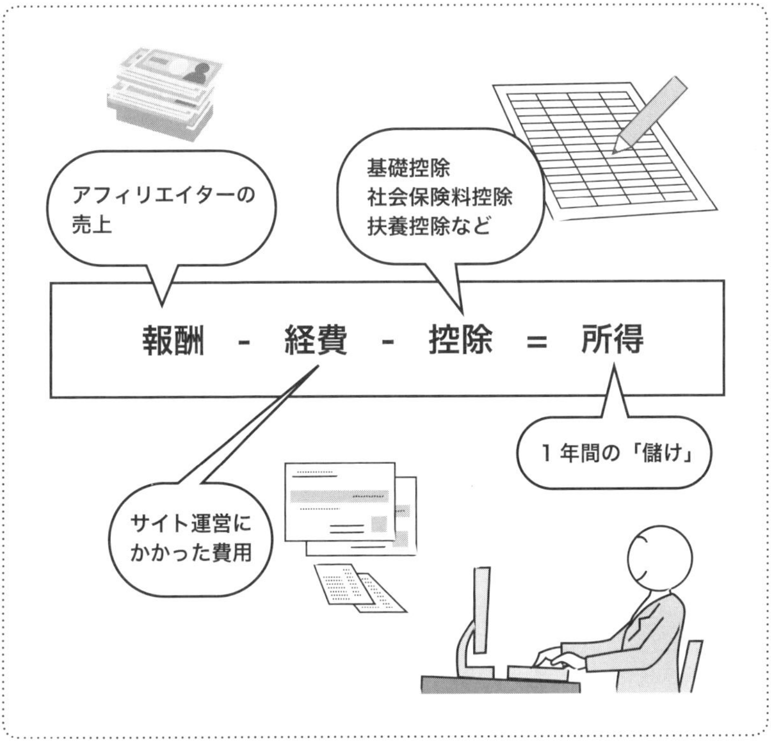

アフィリエイターの売上

基礎控除
社会保険料控除
扶養控除など

報酬 － 経費 － 控除 ＝ 所得

サイト運営にかかった費用

1 年間の「儲け」

　計算の対象期間は、1月1日から12月31日までの1年間で、それを翌年の初めに計算し、2月16日から3月15日にかけて提出します。

　一般的にビジネスレベルの報酬額であれば、法人化してしまった方が税金は安くなることが多いのですが、その説明は後のページに譲り、ここではあなたが個人事業主（自営業者）であると仮定して話を進めます。

ASPはアフィリエイター任せ

　ASPのサイトを見ると、確定申告についてはほとんど触れておらず、「アフィリエイト報酬は確定申告が必要です。詳しくは管轄の税務署にお問い合わせください」と言ったほぼ丸投げの記載が多いようです。ASP担当者に質問しても詳細なアドバイスは期待できませんので、確定申告については自力で学んで対処する必要があります。

　ASPの中では、A8.netのサイトに少し詳しい説明が載っていますのでご紹介します。

> アフィリエイトで得た所得の確定申告について—A8.net
> http://support.a8.net/as/kakutei/

　サイト制作や保守でいっぱいいっぱいな所に、経理の事務作業までやるとなると、アフィリエイターの負担は相当なものです。しかし、面倒だからと言って確定申告をせず期限を過ぎても放っておくと、発覚した場合は各加算税や延滞税といったペナルティが課されます。会計ソフトなどを活用することで手間を減らし、忘れずに申告を行いましょう。

6-3
アフィリエイト業で経費にできるもの
Chapter6

利益が増えると税率が跳ね上がる

　せっかくまとまった額の報酬を得られるようになったと思ったら、税金の額を計算して目の玉が飛び出るほど驚いた…というのは、ビジネスクラスのアフィリエイターに共通の経験です。

　日本の所得税は超過累進税率と言って、儲かれば儲かるほど税率が跳ね上がるので、頑張って報酬を増やしても税率がそれ以上の倍率で伸びて、手取り収入は思ったほど増えず悔しい思いをすることになります。

　そういう苦い経験をして、翌年からは誰もが「経費をいっぱい使って儲けを減らそう」と考えるようになります。納税額の根拠になる「所得」は、収入から経費や控除を引いた残りです。報酬が伸びて収入が増えたら、その分経費をたくさん使うことで所得を減らし、税金を安く抑えることができるわけです。

アフィリエイト業で
経費にできるおもな支出

アフィリエイトで必要経費として計上できる代表的なものを、紹介していきましょう。例えば、次のようなものがあります。

- ・インターネット回線利用料、プロバイダ料金
- ・レンタルサーバー料金、ドメイン管理費
- ・PPC広告料金
- ・サイト制作費、外注費
- ・スマートフォン本体、利用料金
- ・パソコン本体、ディスプレイ、周辺機器
- ・書籍、教材、資料
- ・出張旅費、宿泊費、交通費
- ・セミナー参加費、オンラインサロン会費
- ・打ち合わせや接待の飲食費、手土産や贈答品
- ・事務所家賃、水道光熱費
- ・文房具、オフィス備品

ここに示したものはあくまで一例で、何を事業経費にするかは業態次第です。一律に決まったルールはありません。

あなたがアフィリエイトサイト運営のために買ったものなら、基本的に経費として計上でき、もしそれが間違いだと言うならば、間違いを証明す

るのは税務署の仕事です。迷ったら経費に入れておき、ダメだと言われた
ら修正するくらいのスタンスでもいいのではないかと個人的には思ってい
ます。

　ただし、**明らかにプライベート目的のものを何でもかんでも経費にす
るのはNG**です。

　また自宅で仕事をしている場合、家賃や水道光熱費を全て経費にでき
るかと言えばそうでもなく、仕事用に使っている部屋の面積や就業時間に
よって按分するといった、根拠を持って説明できるだけの合理性が必要に
なります。

6-4
金融商品等を使った
節税策
Chapter6

簿外資産を作って経営リスクに備える

　経費を使えば所得が減って税金を安くできるとは言うものの、どんどんお金を使ってしまうとそれだけ手元に残る現金が減るわけですから、事業経営としてはあまりよくありません。節税になるからと、手当たり次第に無駄な備品を買うのは避けたいものです。

　そこで活用したいのが、**共済や保険商品などを活用して簿外資産（含み資産）を作る方法**です。

　簿外資産などと言うと何やら怪しい響きですが、心配ありません。権利を所有しているものの、決算のルールで一時的に貸借対照表から消えてしまうものを、帳簿の外にある資産、簿外資産と呼びます。

　これはなかなかマニアックな世界で、詳しく説明すると大変な量になってしまいますから、よく使われる事例の概要だけ紹介します。こんな方法もあるのだと知っていただき、興味があればより深く調べてみてください。

図 6-4-1　アフィリエイターが活用しやすい制度や保険商品

商品名	①小規模企業共済	②個人型確定拠出年金（iDeCo）	③倒産防止共済（セーフティ共済）	④民間の生命保険
経費になるか	全額所得控除	全額所得控除	全額経費	商品による
上限額	年間 84 万円まで	年間 81.6 万円まで	年間 240 万円まで累計 800 万円まで	商品による
特徴	元金回収は 240 ヶ月以上の加入が必要	原則、60 歳になるまで解約できない	元金回収は 40 ヶ月以上の加入が必要	商品による

この中では①と②、③と④が、それぞれ似た特徴を持っています。

退職金を自分で積み立てる

　①小規模企業共済と、②個人型確定拠出年金（iDeCo）は「事業主が自分で退職金を積み立てる」という性質を持ち、20年以上もしくは60歳までといった長期的な積み立てが前提です。その代わり、まとめて受け取ったお金は退職金と同じ扱いになり、事業所得や給与所得よりも大幅に税金が安くなるというメリットがあります。

　これらの制度は大きな節税メリットがあるものの、長期間の資金拘束・低い上限額がデメリットです。特に、個人で事業を行うアフィリエイターが20年先や60歳以降を見越して今から積み立てを行い、期限が来るまで解約できず資金を拘束されるというのは非常に大きなリスクと考えられますので、メリットと比べて検討が必要です。

また年額80万円あまりという上限額も、ビジネスクラスのアフィリエイターにとっては正直言って物足りず、中途半端な制度だと私は思っています。

課税されるタイミングを繰り延べる

　③倒産防止共済（セーフティ共済）と、④民間の生命保険は、似たような使い方ができます。こちらは「課税の繰り延べ」という考えに基づいていて、お金を払った年は経費にできますが、解約して現金が戻ってくるとその年の利益となり課税されてしまいますから、使い方を上手に考えなくてはいけません。

　一般的には、大きな利益が出た年に加入して現金を帳簿から逃がし、利益を減らして節税します。そして数年後、あまり利益が出なかった年（大きな出費があった年）に解約して帳簿へ現金を戻すという使い方をします。

　注意点は、早期解約すると元本を大きく割り込む恐れが強いことがあげられますので、商品の仕組みをよく理解して活用しましょう。

　こうした金融商品等は、制度や条件が複雑でとっつきにくい印象ですが、知っている人だけが活用して恩恵を受けています。事業主としては全く知らないままでは済まされませんので、ざっと書籍で基礎的な知識を仕入れてから専門家に相談し、自分の場合はどれくらいの効果があるのかシミュレーションしてみるのも良いと思います。

6-5

税理士と
顧問契約したほうがいいのか

Chapter6

最初は自分でやってみて
負担を理解する

　事業の規模が大きくなってくると、収入や経費の記帳、確定申告や諸手続きに取られる時間と手間がどんどん増えます。また、税務や労務の手続きで分からないことも増えるでしょう。

　そうしたストレスを避けるために、事務作業を代行してくれる税理士に依頼すべきかどうかについて、私の考えを述べておきます。

　結論から言うと、帳簿作成や確定申告、社会保険の手続きなどは、まず自分でやってみて、その**労力や負荷を理解してから必要に応じて専門家に依頼すべき**です。

　帳簿の作業量はアフィリエイターによっても色々で、せどりなど別の業態も手がけている場合は仕訳が膨大になることもあります。

　私は個人事業主だった頃、2年間は自分で会計ソフトを使って青色申告しましたが、この上なく面倒でストレスを感じる作業でした。チマチマ帳

簿に数字を入力する作業が苦痛で、お金で解決できるならそうしたいと強く感じたものです。

図 6-5-1　慣れない作業をするより本業に時間を使おう

　3年目からは法人成りしたこともあり、帳簿の作成は税理士法人にお願いしています。レシートとクレジットカードの明細、インターネットバンキングのデータを送付するだけで、あとは全部やってもらえますので、ずいぶん楽になりました。

　中には帳簿の記入が大好きな人がいるかもしれませんが、**いくら帳簿をつけても、サイトを作って活動しなければ報酬は増えません。**時間配分の優先順位を誤らないでください。

代行業者と顧問の違い

　事業主として大切なのは、「事務作業の代行業者」と「顧問」は全くの別物だと認識しておくことです。

　事務作業の代行だけなら、会計ソフトやスマートフォンのアプリで十分間に合います。インターネットバンキングから自動で取引履歴を取り込み、レシートをカメラで撮影するだけで仕訳を入力してくれるソフトなど今や珍しくもありません。

　世の中が自動化する流れへの対抗策として、記帳代行業者は低価格での競争をウリにしていますから、費用対効果で見れば割に合うことも多いでしょう。事務作業が面倒だと感じたら、一考の余地があります。

　しかし、「顧問」となると話が別です。あなたの経営状態を見て、資金の適切な使い道や組織の作り方、競争に勝って生き残っていくための知恵を授けてくれるブレーンとしての役割が求められます。したがって、自らも開業し事業主として長年に渡り営業している専門家にアドバイスを請うべきでしょう。

　身近に尊敬できるアフィリエイターの先輩がいて、事業投資や経営についても相談できればよいのですが、そうでない場合は専門家をブレーンとして味方にしておくことが、事業主には必要な備えとなります。独立開業している税理士で、自分自身も商売がうまく行っており、インターネットを使ったビジネスに強い人を探しましょう。

　アフィリエイターは孤独な職業です。**あなたを見て直接アドバイスをくれる存在は貴重ですから、費用を払ってでも探しておきたいものです。**

法人化することで節税ができる

　ビジネスクラスのアフィリエイターとなると、節税のために法人化したとか、今度法人化するといった会話が身の周りで頻繁に耳に入るようになります。

　法人化とは読んで字のごとく、新たに法人を設立し、あなたがこれまで個人事業主として営んでいたアフィリエイト事業を法人の名前で行うという意味です。

　個人事業主でも特に困っていないのに、どうしてわざわざそんな大変そうなことをするのでしょうか。いくつか理由はあるのですが、**最大のメリットは合法的に節税できること**です。大勢のアフィリエイターが実際に法人化の道を選んでいるのは、それだけ大きな節税効果が期待できる証拠でもあるでしょう。

法人化する3つのメリット

　よく言われる法人化の代表的なメリットについて、ごく簡単に紹介しておきます。

◆**アフィリエイターが法人化する3つのメリット**

> ①節税できる
> ②社会的信用が得られる
> ③法人しか提携できない広告案件がある

①節税できる

　すでに述べたように、アフィリエイターが法人化する最も大きな動機はおそらく節税です。

　所得税は超過累進税率で、儲けが大きくなればなるほど税率が上がります。法人化することであなた自身は会社から役員報酬（給料）をもらう形となり、法人は人件費として大きな経費を使えますから、利益を圧縮して税率を低く抑えることができるようになります。

　ビジネスクラスのアフィリエイターであれば、個人のままでいた場合と法人化した場合で、納める税金の総額が大きく変わることも珍しくありません。私のケースでは、個人事業主として2回確定申告をした後、税理士にシミュレーションを依頼したところ納税額にかなり大きな差が出る事が分かり、税理士報酬や社会保険料の負担を差し引いても得だと分かったので法人化しました。

中には数千万円の報酬を得ていながら個人事業主のままでいいと言うアフィリエイターもいますが、税金をごっそり取られても手元に必要以上の現金が残るのであれば、税額など気にする問題でもないということかもしれません。

②社会的信用が得られる

一般論として、自営業者よりも法人代表者の方が、社会的に信用があると考えられます。

アフィリエイト事業を法人化するということは節税メリットを意識しているはずですから、この人はアフィリエイト事業で多額の税金を取られるほど稼いでいる実力者なのだなと判断できます。

また会社設立には費用がかかるため、冷やかしではできません。アフィリエイトにビジネスとして、真剣に向き合っているかどうかを測るリトマス試験紙になるわけです。

他には従業員を採用したり、外注業者の募集をかけたりする際にも法人格があった方が選ばれやすくなります。アフィリエイト業は金融機関との付き合いはほとんど必要ありませんが、住宅ローンを組もうと思った際の信用材料としては、法人格の有無も評価に影響するでしょう。

③法人しか提携できない広告案件がある

アフィリエイト事業では、白地営業が少ないので知名度や社会的信用はそれほど意味がないと思われがちですが、ジワジワとボディブローのように効果を及ぼす局面はあります。

それが端的に現れるのが、法人のみ提携可能なクローズド案件の存在です。広告主としては、どこの馬の骨とも知れぬ個人のアフィリエイター

ではなく、企業として責任の所在を明らかにし、本気でアフィリエイトビジネスを営んでいるメディアを選んで提携したいと考えているわけです。

2016年に起こったキュレーションメディア問題以降、広告主がメディアに求めるコンプライアンスの水準は確実に一段上昇しています。広告主が提携しているメディアの数を重視するこれまでの施策から、まともなメディアを選んで付き合いたいという品質重視・リスク回避の方向性へシフトする流れは、今後ますます強くなるでしょう。

「法人のみ可」と明示していない場合でも、法人の方が様々な営業交渉の場で有利であることは間違いありません。広告主が大きな会社であれば、個人相手の商談を考慮しておらず、そもそもテーブルに着くことが困難というケースもあります。

メリットとデメリットを考えて
判断する

こうしたメリットがあるものの、法人格の有無が小規模のアフィリエイト事業に及ぼす決定的な影響はありません。

法人は事務作業が増えたり、赤字でも法人住民税がかかるといったデメリットもあるため、それと引き換えてでもメリットを手に入れたいと感じるかどうかは人それぞれです。

とは言え、ビジネスクラスのアフィリエイターは多くが法人化していますので、一度納税額のシミュレーションだけでも行ってみてはいかがでしょうか。

6-7
法人化したいと思ったら
どうするか
Chapter6

代行業者に頼むのが一般的

　いざ法人化したいと思った場合、自力で書類を揃えることも可能ですが、どちらかと言えば設立代行業者を利用するのが一般的でしょう。

　不慣れな書類を記入して役所へ何度も出向くより、間違いないようプロに依頼した方がストレスがないというものです。その分費用はかかるものの、必要書類を揃えて記入の仕方を調べるだけでそれなりに時間が必要ですから、そんな余裕があるなら自分は本業のアフィリエイトに専念し、設立代行の費用を追加で稼ぎ出してしまった方が得です。

　あまり儲からないアフィリエイターは、ここでも節約志向を発揮して、お金がもったいないので自分でやりましたと吹聴したがるものですが、**不得手なジャンルで努力しても時間に見合うだけの効果が得られません。**自分が好きな業務・得意な業務だけに没頭できる環境を構築することが、事業主が最優先して取り組むべき仕事なのです。後学のために一度経験してみたいという理由なら止めませんが、節約のためという考えは捨ててください。

図6-7-1 「ビジネス思考」と「おこづかい思考」の違い

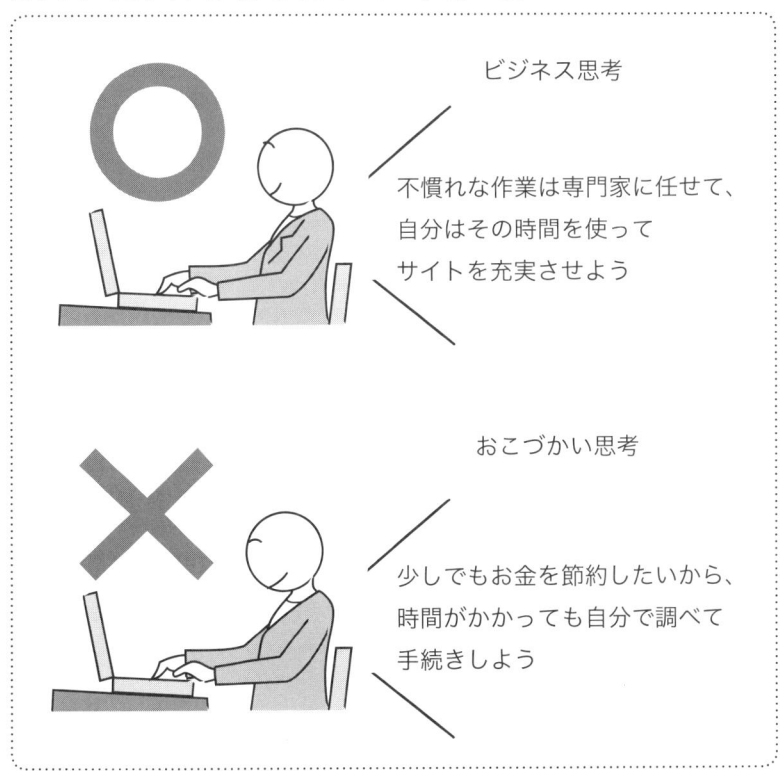

ビジネス思考

不慣れな作業は専門家に任せて、
自分はその時間を使って
サイトを充実させよう

おこづかい思考

少しでもお金を節約したいから、
時間がかかっても自分で調べて
手続きしよう

　依頼する業者は、「法人設立」といったワードで検索すればズラリと並びます。適当に選んで依頼すれば、会社設立自体は2週間もあれば終わるでしょう。

　私の場合は、税額の試算を依頼した税理士事務所で顧問契約すると、設立代行の手数料は無料と言われたので、そこでお願いしました。

利益が月50万円以上で安定したら
法人化も検討

　どれくらい儲かったら法人化すべきかについては、専門家の間でも色々な意見があります。

　事業所得が400万円ほどあれば、法人化することで一応は節税効果を得られますが、法人設立のコストや税理士報酬、新たに発生する社会保険料などを差し引くとトータルでは損をしますので、もう少し余裕を持たせて500万円〜600万円程度の事業所得を目安としているケースが多いようです。**月50万円の利益をコンスタントに取れているようなら、検討の余地があるでしょう。**

　この基準を超えている場合は一度税理士を訪ね、税額シミュレーションをしてもらうとイメージが具体的になります。確定申告に使った書類を持っていけばすぐにおおよその税額を教えてくれるでしょう。このままの報酬額で推移した場合、法人化するとどれだけの節税効果があるのか知ることで、法人化の意欲が高まるかもしれません。

　なお、**税理士を選ぶ際はインターネットを使った事業やアフィリエイトに詳しいところを選ぶようにしてください。**私が一度近くの税理士に相談した際は、「Webサイトを活用した広告代理業です」と言っても業態を理解してもらえず、経費の内訳についてもいちいち説明しなければなりませんでした。

　これでは仕訳や決算に大きな不安が残ります。

法人化や税金の知識は
ビジネスに不可欠

　個人にせよ法人にせよ、アフィリエイターは事業主ですから、自分のビジネスの舵取りをする責任があります。

　法人化や税金についての知識は全て知っていることが前提で仕組みが作られており、勉強したり専門家を使ったりしている人だけが、そのメリットを享受しています。

　逆に、制度に疎い人は何の恩恵も受けられず、無為に損をしていることも考えられるでしょう。

　自分で事業を起こす以上、社会制度について知りませんでは済まされない場面が増えます。

　一通りは経営の入門書に目を通す、セミナーに参加するなどして基礎的な知識を身に着けるか、専門家に相談できる体制を整えておくことで、あなたのアフィリエイトビジネスが安定して成長できる可能性は高まるのです。

毎月100万円以上の報酬を本気で狙う為の

【アフィリエイト】
上級バイブル

Chapter7
月100万円を超えた先に
目指すもの

アフィリエイトビジネス
を極める
Chapter7

月100万円稼いだ後はどうする？

　月100万円以上の報酬をコンスタントに受け取る「ビジネスクラス」の
アフィリエイターに到達した後、彼らはどうしているのでしょうか？

　あなたがまだ「おこづかいレベル」であれば、まるで夢のような世界か
もしれませんね。

　しかし、この本の冒頭で触れたように、調査ではアフィリエイターの10
人に1人が月額報酬100万円以上だと回答しています。彼らは珍しい存在
ではなく、セミナーや懇親会で至る所に紛れていますが、見た目では判別
できません。ごく普通の人たちなのです。

　あなたと、彼らのような一見普通のビジネスクラスとの違いは、どこに
あるのでしょう。私がこれまで接してきた多くのアフィリエイターが伸び
悩む原因は、正しいお手本を見つけられず、まともな事業計画を立ててい
ないか、時間や労力を使う方向性が間違っているかで、非効率な遠回りに
終止しているからでした。

その問題が矯正できさえすれば、少なくともおこづかいレベルからビジネスクラスまではあっという間に駆け上がることができます。私自身もそうでしたし、私が個人指導で教えた方々もそうでした。「自室に引きこもってひたすら記事さえ増やせば報酬が増える」という思い込みから脱却し、ごく普通のビジネスの心構えを持てば、月100万円程度のアフィリエイト報酬を得ることは別に難しくありません。

ビジネスクラスの
アフィリエイターが進む道

月100万円という最初の目標を達成した彼らが、アフィリエイターとして歩む道には、次のようなパターンがあります。

◆ビジネスクラスのアフィリエイターが進む道

①さらに利益を追求し、一生分を稼ぎきる
②会社組織を拡大し経営に専念する
③オンラインサロンや塾を立ち上げる

①さらに利益を追求し、一生分を稼ぎ切る

アフィリエイトをはじめとして、Web業界はトレンドの変化が激しく、今うまく行っているサイト運営手法が今後も順調である保証はまったくありません。そこで今のノウハウが通じるうちに全力を注ぎ込み、複数のサイトを死ぬ気で回して一生分の生活費を稼いでしまおうという考え方です。

早期にリタイヤして、海外へ移住したいという夢を持っている人もよく見かけます。移住先の物価にもよりますが、日本で生涯暮らすよりも大幅に安く済ませることも可能らしく、数千万円の流動資産があれば十分という場合もあるようです。

　日本で一生働かずに暮らすのは難しくとも、1億円程度の資産を作ってしまえば経済的にも精神的にも余裕ができますから、仮にアフィリエイトを引退しても、ブラック企業で不本意な労働を強いられる必要からは逃れられる可能性が高いでしょう。

　まとまった現金を得る出口戦略としては、サイトの売却も考えられます。サイトの売買では過去1年分の報酬と同程度の値段がつくことが多いので、月100万円をコンスタントに売り上げるサイトであれば、1,000万円以上で売れるかもしれません。激戦区のジャンルであれば、更に高値がつきます（当然、サイト売却の利益には税金がかかりますが…）。

②会社組織を拡大し経営に専念する

　従業員を雇って会社を拡大し、メディア事業者として大規模なサイト運営を手がけるような方向性もあります。

　メディア業だけでなく広告代理店を兼業したり、自分でASPを作ったりしてもよいでしょう。純粋なアフィリエイターとは異なる方向性ですが、アフィリエイト事業を通じて会社経営の面白さに目覚める人も大勢います。

　アフィリエイターは工程の上流から下流まで1人で全て行うのが当たり前ですから、マネジメント能力が自然と身につきます。**アフィリエイトで継続的に成果を出せる人ならば、他の仕事でも十分活躍できる**はずです。

③オンラインサロンや塾を立ち上げる

　アフィリエイトで常に報酬の獲得を続けることは大変ですから、それ以

外の収入源を確保しようとする向きも強くなります。

　収入の複線化を図るためにオンラインサロンや塾を主催し、会費という形で売上を得るのが代表的な手法です。

　月5,000円の会費で100人の会員を集められれば50万円の売上になり、経費を差し引いても30万円程度は手元に残るはずで、生活費と考えれば十分です。もちろんその運営だけでずっと生活するのは難しいので、補助的な位置づけにはなりますが、運営の手腕次第では無視できない収入を得ることができるはずです。

　実際、過去にスーパーアフィリエイターとして活躍した実績のある人が、今はもっぱら塾の運営に終始し、会費やセミナー参加費を主な収入源にしている例はいくらでも枚挙できます。サイト運営で長年勝ち続けることが困難である証左とも言えるのではないでしょうか。

　事業主としては、サイト運営がうまく回っているうちにこうしたリスクヘッジも考えておくことが求められます。

「アフィリエイター」という 肩書を捨てる

　アフィリエイト業は非常に自由度が高いため、こうしなければならないという決まりはまったくないのですが、ある程度名の知れるレベルになった大物アフィリエイターは前述したような道に進むケースがよく見られます。

　個人的には、そもそも「アフィリエイター」という肩書は捨てた方がよいと思っています。アフィリエイト広告は、あくまでマネタイズ手法の1つに過ぎず、WebサイトやWebサービスを持っていれば他にもたくさん

の営業手法が考えられるのですが、「アフィリエイター」という肩書のせいで型にはまった作業しかできない、記事を書いてバナーを貼る以外のことをしてはいけないと思いこんでいる人がとても多いように見受けられるのです。

　私は同業者以外にアフィリエイターだと名乗ることはなく、名刺には「Webメディアの企画・構成」というもっともらしい肩書を載せています。自分の仕事をアフィリエイトという枠組みに閉じ込める必要はないと考えているからです。

図 7-1-1　どちらが収益を増やせる可能性が高いかは一目瞭然

アフィリエイターだからアフィリエイト広告しか扱ってはいけない、などというルールはありません。**あなたは運営メディアをもっと活用し、あらゆる手段でお金を稼ぐことを自由に考えていいのです。**

　それが事業主の醍醐味だと私は思います。

7-2

アフィリエイト以外の
人生を探す

Chapter7

金銭以外の価値観を
大切にする

　月100万円の報酬では大金持ちになれるわけではないものの、名の知れた企業で働くくらいの収入にはなりますので、自分や家族を養っていく生活費には十分です。大企業で長時間労働によって疲弊するよりも、随分と人間らしい生活が送れるでしょう。

　その経済的・精神的アドバンテージを活かし、自分らしく暮らすことを選ぶアフィリエイターもたくさんいます。何も報酬額を増やして金銭的なリッチを目指すことだけが人生ではないのです。

　本当は、その人が好きなことを仕事にして、感謝や賞賛と共に対価を得るのが幸せな生き方であるはずです。しかし日本ではなぜか「労働＝忍耐」とか「給料＝我慢料」のような価値観が強く、好きなことで食っていこうなんて甘えだとか、辛い労働から逃げるのはけしからんといった風潮がまだまだ一般的です。大勢の人が、どこかでおかしいと感じながらも、日々の生活や家族のために辛抱して労働に明け暮れているように思われてなりません。

アフィリエイトで月100万円の基礎収入があれば、儲けを度外視して自分のやりたいことを仕事にすることもできます。生業として糧を稼ぐのは厳しい業態であっても、儲けを出さなくていいなら話は別です。小さなブックカフェを作って常連さんを相手に商売するのもいいでしょうし、自宅で趣味の教室を開いてもいいでしょう。

私の知人は農業志向の方が多く、地方都市で広い土地を本格的に耕している話をたびたび耳にします。

家族を大切にすることも
立派な人生のミッション

仕事はほどほどに留め、家族や仲間との時間を何より大切にした生き方を選ぶこともできます。聞いていると、ビジネスクラスのアフィリエイターは家族円満な方が多いようで、これは**十分な収入があることと、就業時間や休日が調整しやすく家族との関係を保ちやすいこと**が主な理由と考えられます。

私の家にも生後6ヶ月の長男がいますが、仕事の時間を自由に調整できるため、夫婦での育児協業がとてもやりやすい環境にあります。始発から終電まで会社にいるようなサラリーマンと、日がな育児にかかりきりの妻とでは、ストレスで些細なことから不和が起こっても無理からぬことでしょう。

実際、私が会社勤めでブラック労働に明け暮れていた頃は、小さなお子さんのいる同僚が毎日しんどそうに愚痴をこぼしていました。幸いなことに、今の我が家はとても平和でいつも笑顔が溢れており、友人たちが口々に「旦那さんがちゃんと子育てできる環境はうらやましい」と言ってくれ

ます。この仕事を選んで正解だったとしみじみ感じる瞬間です。

　人生において何を重視するかは人それぞれですが、収入を底上げすることであらゆる選択肢を増やせるというのが、アフィリエイト事業の最大のメリットではないでしょうか。

ビジネスクラスを目指すなら
今すぐ計画を立てる

　何度も繰り返しますが、アフィリエイトでビジネスクラスを目指すこと自体は特に難しくありません。事業計画を定め、それに応じた資金や労力を投じて取り組めばいいだけです。ほとんどの人は年間の事業計画すらまともに考えていないので、ビジネスとして成立しないだけなのです。

　月100万円クラスの報酬を手に入れるのはほんの通過点でしかなく、一度コツを掴めば一気に報酬額は吹き上がります。そして、次に何を目指すべきか迷うステージがいずれ必ずやって来るでしょう。私や、私が個人指導で教えた方たちも同じように迷った経験があります。同年代の平均年収を大きく超える稼ぎがあり、時間にも余裕があるとしたら、あなたは何がしたいですか？

　その理想や目標を形にするために、まずこれから1年の事業計画を立ててみましょう。

　この本を読んでいる方の99％は、おそらく何もアクションを起こしません。本を閉じて、一晩眠れば内容のほとんどは忘れているはずです。

図 7-2-1　事業計画の元となる要素を書き出そう

・１年後の目標となる報酬月額は？
・そのために毎月負担できるコストは？
・味方してくれる人や、コネクションは？
・作ろうとしているサイトの競争優位は？
・１年後に目標達成するためには、半年後に
　どこまで進める？
・そのために今月やるべきことは？
・今日から何をしなければならない？
・それらの計画が絵に描いた餅ではなく、
　実現可能な範囲に収まっている？
・決めたらやり遂げる意志がある？

　でも、**ビジネスクラスを超えていく１％のアフィリエイターに共通する
のは、アドバイスをすぐ実行すること。**

　あなたがどちらの側になるかは、この本を閉じた後の最初の行動にか
かっているのです。

　あなたが今からパソコンやノートを開き、事業計画を練り始めてくれる
ことを、私は心から願っています。

おわりに

「アフィリエイトを、妻の両親に誇れる職業にする」

　これは、私が今の仕事を始める時に決めた事業方針です。当時は勤めていた大企業を辞めて無職でしたから、とても妻の両親に顔を合わせられる状況ではありません。個人事業主としてアフィリエイトを始めてからも、これじゃ無職同然だ…と鬱屈した気持ちを抱えていました。

　それでも妻の両親に恥じない「普通の社会人」としての振る舞いを続けるうち、「齊藤さんは他のアフィリエイターとは違いますね」と言われることが増えました。詳しく聞くと、アフィリエイターは社会常識のない不誠実な人が多いらしい。それを機に、私はアフィリエイターという肩書を捨てました。自分は「メディア事業者」だと名乗ることで、仕事や取引先に対する姿勢も、相手からの評価も変わったと思います。

　メディア事業者として普通の仕事をするだけで業績は伸び、2年目で法人化もできました。収入も安定し、今は妻の両親にも堂々と会えます。アフィリエイターの狭い世界で歪んだ習慣を真似しているうちは、このように外の社会とうまく歩調を合わせられなかったでしょう。

　ビジネスクラスを目指すのに必要なのは、小器用なテクニックではなく、「ビジネス体質」への切り替えです。そのことをどうか頭の隅に入れて、これからのアフィリエイト事業に取り組んでください。

　最後に、執筆のきっかけをくださった染谷さん、丁寧にご指導くださった志水編集長、取材に快く応じてくださったASP・広告主の皆様、税理士の橋場さん、そして原稿が進まない時に励ましてくれた妻と息子に感謝の意を表します。本当にありがとうございました。

◎著者紹介

齊藤ミナヨシ（さいとう みなよし）

　Webメディア企画運営の専門家。1980年岩手県盛岡市出身。宮城県仙台市在住。早稲田大学第一文学部を卒業後、在京キー局のニュース番組制作に従事。26歳で大手生命保険会社へ転職し、法人セールスを5年間担当した後、パワハラと過労が原因でうつ病と診断。退職へ追いやられ、未経験だったWebメディア運営を始める。愚直にユーザー利益を追求した手法で報酬を伸ばし2014年に法人設立。現在はWebメディアでの広告事業を手がけながら、サイト制作やマネタイズに関するアドバイス業務を行っている。

◎監修者紹介

染谷昌利（そめや まさとし）

　株式会社MASH代表取締役。1975年生まれ。埼玉県出身。12年間の会社員生活を経て、インターネットからの集客や収益化、アフィリエイトを中心としたインターネット広告の専門家として独立。現在はブログメディアの運営とともに、書籍の執筆、企業や地方自治体のアドバイザー、講演活動も行う。AllAboutアフィリエイトガイドとしても活動中。

　主な著書に『ブログ飯 個性を収入に変える生き方』（インプレス）、『成功するネットショップ集客と運営の教科書』（SBクリエイティブ）、『はじめての今さら聞けないアフィリエイト入門（秀和システム）』が、監修に『頑張ってるのに稼げない現役Webライターが毎月20万円以上稼げるようになるための強化書（秀和システム）』がある。

毎月100万円以上の報酬を本気で狙う為の 【アフィリエイト】上級バイブル

| 発行日 | 2017年12月29日 | 第1版第1刷 |

著　者　齊藤　ミナヨシ

監　修　染谷　昌利

発行者　斉藤　和邦

発行所　株式会社 秀和システム
〒104-0045
東京都中央区築地2丁目1−17　陽光築地ビル4階
Tel 03-6264-3105 （販売）Fax 03-6264-3094

印刷場　三松堂印刷株式会社　　　　　Printed in Japan

ISBN978-4-7980-5375-2 C0030